知っておきたい

日本の古典芸能 歌舞伎

瀧口雅仁 編著

丸善出版

はじめに

みなさんは『文七元結《ぶんしちもっとい》』や『赤穂義士伝《あこうぎしでん》』、『勧進帳《かんじんちょう》』に『壺坂霊験記《つぼさかれいげんき》』といった作品名や、その内容といったものをご存知でしょうか。

ここで挙げた作品が演じられる、日本を代表する芸能である歌舞伎《かぶき》・落語・講談・浪曲《ろうきょく》などには、日本人が古来から持ち続ける、〝日本人らしい〟心情や生き方といったものが色濃《こ》く描《えが》かれてきました。

この巻で紹介《しょうかい》する歌舞伎もまた、日本が歩んできた歴史の中に表れる文化や人々を描いており、その舞《ぶ》台《たい》設定は、江戸時代ばかりではなく、鎌倉時代《かまくらじだい》や室町時代《むろまちじだい》、近年演じられる作品では、今の世の中や近未来といったように、日本史を縦断《じゅうだん》（過去から未来へと貫《つらぬ》く）しています。

今回、この巻で取り上げた作品は、以前から演じられている、実際に起こった事件を軸《じく》に、人々がなぜそのように思い、そしてそれに準ずる行動を取ったのかを考えさせるように展開する古典的な物語です。

時には、敵《かたき》同士が互《たが》いの因縁《いんねん》（前世《ぜんせ》から決まっていた運命）を越えて、相手を思っての行動を取ることがあったり、日本人が好む勧善懲悪《かんぜんちょうあく》で物語が進んでいくばかりでなく、善と悪が絡《から》み合う縄《なわ》のように展開が進み、結果として悪が善に転じて描《えが》かれたりするなど、みなさんからすれば不思議に思え、理不尽《りふじん》（筋道《すじみち》が通らない）に感じるかも知れない物語もあります。しかし、因縁や勧善懲悪といったものは、ひと言では説明できないものであり、また、善と悪は単純明快《たんじゅんめいかい》ではないことを物語は描き出しているのです。それがまた、歌舞伎という芸能の奥行の深さにつながっているわけです。

ところが時が進むにつれて、そうした伝統芸能に触《ふ》れていくなかで、使われる言葉が難《むずか》しく感じられたり、風俗《ふうぞく》や習慣といった生活文化が現在と異なってきたことによって、内容的に分かりづらくなった物語も多くなってきました。タイトルは知っているけれども、内容までは知らないというのには、そうした理由もあるかと思います。

とは言え、時代が変わったとしても、日本人としての気持ちや、人を思う心といったものは変わらないはずです。だからこそ、そうしたことを描いている作品を知らないでいるのは、実にもったいないと常々感じています。

また近年、日本文化を見直す動きのなかで、日本文化に興味を持つ外国の人にそうしたことを伝える機会が増えてきています。そんなときに、文化を色濃く描いた素晴《すば》らしい作品が日本にあることを誇《ほこ》らしく伝えることができたり、「温故知新《おんこちしん》」という言葉があるように、そうした作品を知っておくことで、また新しい日本の文化の発見につなげていくこともできます。

そこで、今回のこのシリーズでは、以前であれば多くの人が当然のように知っていたストーリーで、これからの時代にも大切に伝え残していき、そして多くの人に改めて知っておいてもらいたい有名な作品を読み物として紹介しています。

ただし、伝統芸能や大衆《たいしゅう》芸能の多くは、先人たちから受け継《つ》いだもので、それを伝承《でんしょう》してきた演者の流派であったり、それぞれの型といったものがあったりもします。そのために、演者の個性も出やすく、一緒に舞台に立つ俳優によってセリフや演出が変わることもあります。そこで、ここでは読みやすさや分かりやすさを優先して、読み物として楽しめるように再構成しました。その際、それぞれの芸の良さをも味わってもらうために、リズムやテンポを生かして紹介したものがあることもお断りしておきます。

また各演目には、作品を楽しむためのポイントと解説（作品の成り立ちと背景《はいけい》）を示し、分かりにくい用語や単語には説明を付けたので、それらを参照しながら読み進めてみてください。

この本がみなさんにとって、日本の伝統芸能や大衆芸能に触れるきっかけとなって、実際の歌舞伎を鑑《かん》賞《しょう》したり、また古今東西に誇るべき日本文化を享受《きょうじゅ》（自分のものとして受け入れる）するための手助けになれば幸いです。

二〇一九年　初秋

瀧口雅仁

もくじ

この本を読む前に

一　「演題」の見出し●の白抜《しろぬ》き文字「歌舞伎十八番」などの説明

歌舞伎十八番　七世市川団十郎《しちせいいちかわだんじゅうろう》が天保《てんぽう》十一年（一八四〇）に『勧進帳《かんじんちょう》』を初演する際、看板《かんばん》に表記した演目を指し、市川家専有《せんゆう》（市川家だけで他家《たけ》にはない）の荒事《あらごと》（武士や鬼神《きしん》などの荒々しさを誇張《こちょう》して演じること）を中心とした代表的な作品です。

時代物　実際《じっさい》に起こった事件などをもとに、逸話《いつわ》（エピソード）やフィクションを取り入れながら、その時代の文化や人物像に迫《せま》った作品です。

世話物《せわもの》　主に江戸の市井《しせい》（人が集まり暮らす場所）で生活をしていた人々の姿や生き方を描《えが》いた作品です。

松羽目物《まつばめもの》　主に歌舞伎舞踊《ぶよう》の中で、演出様式や舞台《ぶたい》装置、衣装《いしょう》などを能楽の形式に倣《なら》って演じる作品です。

江戸っ子　喧嘩《けんか》っ早くて向こう見ず（結果を考えずに行動すること）、それでいて人情に厚い、そんな江戸っ子が活躍《かつやく》する作品です。

親　子　子どもを間に挟《はさ》み、家族のあり方であったり、家族の理想の姿を描《えが》いた作品です。

兄　弟　兄弟や姉妹が互《たが》いにどう思い、どのように相手のための行動を取るかを描《えが》いた作品です。

夫　婦　夫婦としてのあるべき理想像であったり、夫婦としての葛藤《かっとう》（互いに譲《ゆず》らず対立すること）といったものを描《えが》いた作品です。

廓《くるわ》　主に江戸の吉原《よしわら》を舞台に、遊女《ゆうじょ》と客の間で繰《く》り広げられる男女の駆《か》け引きを描《えが》いた作品です。

復讐《ふくしゅう》・仇討《あだうち》　主君《しゅくん》や親兄弟などを死に追い込んだ者を討《う》ち取って、恨《うら》みを晴らすという作品です。厳密《げんみつ》には復讐と仇討は異なりますが、ここでは一つにまとめました。

忠　義　主君《しゅくん》や国家に対し、真心《まごころ》を尽《つ》くして仕える武士の姿を描《えが》いた作品です。

才覚《さいかく》　歴史上に登場する、知恵が働き、機転《きてん》の利《き》く人物の逸話《いつわ》（エピソード）を盛り込んだ作品です。

人情《にんじょう》　人が本来持っている人間らしい感情の中でも、他人を思いやる慈《いつく》しみの心が描《えが》かれた作品です。

情　愛　他人を深く愛する気持ちを描《えが》いた作品の中でも、特に夫婦や親子が主人公である作品です。

恋愛《れんあい》　男と女がどのように出会い、互いに惚《ほ》れ合い、そして喜怒哀楽《きどあいらく》をともにするかを描《えが》いた作品です。

心中《しんじゅう》　相思相愛《そうしそうあい》（互《たが》いに好きなこと）の男女が合意の上で一緒《いっしょ》に死を選ぶことの他、合意なしに相手を道連《みちづ》れにして死ぬ場合も指し、そのどちらかが描《えが》かれる作品です。

口上《こうじょう》　俳優《はいゆう》や劇場の代表者が観客に対して舞台《ぶたい》から述べる挨拶《あいさつ》を指しますが、ここでは物事について雄弁《ゆうべん》（人の心を動かすように力強く話すこと）に説明する作品を指します。

二　〽の説明

歌舞伎では舞台に登場する人物の演技とともに、それを彩《いろど》る様々な音楽が用いられます。ここでは邦楽《ほうがく》を代表する長唄《ながうた》や義太夫節《ぎだゆうぶし》、常磐津節《ときわずぶし》に清元節《きよもとぶし》、大薩摩節《おおざつまぶし》や河東節《かとうぶし》に新内節《しんないぶし》といった歌舞伎演奏で唄《うた》われる歌部分を「〽」

で示しました。歌詞の中には古風で難《むずか》しい言い回しも登場しますが、物語の進行にそって唄われることを意識しながら読んでみて下さい。

三　ルビの説明

小学校六年間で習う漢字一〇二六字以外の漢字にルビを振《ふ》りました。なお、漢字そのものは小学校で習っていても、小学校では習わない読み方にはルビを振りました。

【例】　安宅《あたか》、弓手《ゆんで》

四「知っておきたい用語集」の説明

この本では、実際《じっさい》に作品が舞台で演じられている様子をみなさんに知ってもらいたかったので、原則として、あえてやさしい言葉に変えないで、演じられている形を活字にしました。やさしい言葉に置き換えない方が、早くから古典芸能を知ることができ、それが大切と考えたからです。本書を読めば、古典芸能の実演に接したときに、楽しみがより深くなると思います。したがってこの本には聞きなれない言葉や歴史的な言葉がたくさん出てきます。

そこで、小学校高学年や中学校低学年には難《むずか》しいと思われる言葉には、各演題の最後に解説を付けました。また、今は使われない歴史的な言葉や、各作品の中で重要な意味を持つ単語や表現を解説しました。各作品の最後に載《の》せた「知っておきたい用語集」で解説した言葉は、「本題」に出てくる順番に並べ、また巻末に五十音順の「さくいん」を付けましたので、そこから調べることもできます。

わからない単語や表現は、物語の前後の展開からその意味を類推《るいすい》（おしはかる）するのも作品を楽しむコツですが、分からないときは「知っておきたい用語集」や、巻末「さくいん」で調べながら読み進めてください

五　本文の説明

各作品は、実演や口演《こうえん》、残された速記や資料をもとに活字に直しました。したがって演者や演出などによっては、このシリーズで紹介した物語の内容や展開と異なる場合があります。

また、上演時に使用される言葉についても、今となっては使われることの少ない言い回しや、古語や芝居《しばい》特有の言葉も登場しますが、あくまでも読み物としての読みやすさなどを考慮《こうりょ》して、現代に通じやすい表現に置き換えたものもあります。

ただし、職人や江戸っ子などが使用した、例えば「やりねぇ」「わからねぇ」などの会話言葉については、作品の雰囲気《ふんいき》を損《そこ》なわないように、原則、そのままにとどめることにしました。

なお、本文の細かな表記については、以下の通りで記《しる》しています。

・句読点は原則、演者が息をつぐところに打ちましたが、読みやすさに準じて、適宜《てきぎ》、打ち直しました。
・間《ま》をもたしたところ（わざと台詞《せりふ》などを言わない空白の時間）は、「……」で表しました。
・「へえ」「へェ」の区別については、原則、返事の場合は「へえ」、それ以外は「へェ」としました。
・「ねえ」「ねェ」の区別については、原則、念を押すような場面や「～ない」が転じた場合には「ねえ」、その他は「ねェ」としました。
・ルビは演者などの発音にしたがって振ったものもあります。
・仕草《しぐさ》については、その場面を想像するのに必要と思われるところに挿入《そうにゅう》しました。

歌舞伎

助六由縁江戸桜
（すけろくゆかりのえどざくら）

歌舞伎十八番

江戸っ子

廓

復讐・仇討

●作品のポイント●

主人公である花川戸《はなかわど》の助六の正体は、実は曽我五郎時致《そがのごろうときむね》で、源氏《げんじ》の宝刀《ほうとう》・友切丸《ともきりまる》を捜《さが》し出すために吉原《よしわら》に出入りしています。そして吉原で豪遊《ごうゆう》している髭《ひげ》の意休《いきゅう》という男がその刀を持っていることを聞き出し、それが捜している刀であるかを確かめるために、わざと喧嘩《けんか》を売って刀を抜《ぬ》かせようとします。それではどうやって抜かせようというのか。その場面をここでは取り上げます。

また、喧嘩が長く続く場面であるため、独特の言葉遊びが挟《はさ》まれたりと、解釈《かいしゃく》に難《むずか》しい表現も見られますが、そこに表れてくる江戸っ子の理想の男性像とも言われる助六の男ぶりの良さ。さらに吉原の遊女《ゆうじょ》が自分の吸《す》っている煙管《きせる》を次々に差し出したときの、「煙管の雨が降るようだ」と、意休の前で自慢《じまん》げに口にする有名なセリフといった歯切れの良い助六の粋《いき》なセリフなどを意識しながら読んでみて下さい。

ここまでのあらすじ

舞台は吉原の大見世《おおみせ》「三浦屋《みうらや》」の格子先《こうし》。満開の桜の下、吉原で全盛《ぜんせい》の揚巻花魁《あげまきおいらん》が、大提灯《おおぢょうちん》を先頭に大勢《おおぜい》の新造《しんぞ》や禿《かむろ》、遣《や》り手たちを従えて、八文字《はちもんじ》を踏《ふ》んで現れます。そして、床几《しょうぎ》に腰《こし》を下《お》ろした揚巻のもとへ、恋人である助六の母から手紙が届けられると、そこへ髭《ひげ》の意休《いきゅう》と呼ばれるお大尽《だいじん》とともに、揚巻の妹分である白玉《しらたま》花魁が現れます。意休の心は揚巻にありますが、この男は評判《ひょうばん》が悪い上に、揚巻の前で助六の悪口を言い始めるので、揚巻もお返しとばかりに悪態《あくたい》をつきはじめます。するとそこへ黒の着付《きつけ》に紫《むらさき》の鉢巻姿《はちまきすがた》の助六が登場します…。

【本　題】

（助六が花道に現れる。）

〽人目《ひとめ》の関《せき》の許しなく、笠《かさ》のしずくにしょぼ濡《ぬ》れて、雨の箕輪《みのわ》の冴《さ》えかえる

傾城《けいせい》一　助六さん、その、

傾城皆《みな》　鉢巻はえ。

助六　この鉢巻のご不審《ふしん》か。

〽この鉢巻は過ぎし頃、由縁《ゆかり》の筋《すじ》の紫の、初元結《はつもとゆい》の巻きぞめや、初冠《ういこうむり》ぞ若松《わかまつ》の、松のはけさき透《す》き額《びたい》、堤《つつみ》八丁《はっちょう》風誘《さそ》う、くさに音せぬ塗《ぬ》り鼻緒《はなお》、一つ印籠《いんろう》一つ前、二重《ふたえ》廻りの雲の帯、富士と筑波《つくば》の山あいに、袖《そで》な

りゆかし君ゆかし
助六　君なら、君なら。
〽しんぞ命を揚巻の、これ助六がまえわたり、風情《ふぜい》なりける次第《しだい》なり
傾城皆　やんやゃんや。
傾城二　助六さん、待って、
皆々《みなみな》　いたわいなあ。
助六　どうですな。いつ見ても美しいお顔、そんならぶしつけながら、割り込みましょうか。
皆々　さあ、ござんせいなあ。
助六　冷《ひ》えものでござい。御免《ごめん》なせえ、御免なせえ。
(助六は長床几《ながしょうぎ》へ腰を掛《か》ける。女郎が次々に煙管《きせる》を差し出す。)
助六　このようにめいめいご馳走《ちそう》に預《あず》かっちゃあ、火の用心が悪うござんしょう。
意休　これ君たち、吸い付け煙草《たばこ》を一服《いっぷく》もらおうか。
傾城一　お安いことでござんすが、煙管がござんせぬ。
意休　そこにそれほどあるではないか。
傾城二　あい、この煙管には主《ぬし》があるわいなあ。
意休　して、その主は誰《だれ》だ。
助六　わしでごんす。なんときついものか。大門《おおもん》へぬっと面《つら》を出すと、仲之町《なかのちょう》の両側から、馴染《なじ》みの女

郎の吸い付け煙草で、煙管の雨が降るようだ。昨夜《ゆうべ》も松屋の店へちょっと腰を掛けると、店先へ煙管を蒸籠《せいろう》のように積んだが、女郎づかを握《にぎ》るものはこれでなければ嬉《うれ》しくねえ。いくら大尽《だいじん》だなぞと大きな面《つら》をしても、こればっかりは金づくじゃあできぬ。誰《だれ》だか知らぬが、煙管が入用《いりよう》なら、一本貸して進ぜやしょう。(煙管を足に挟《はさ》んで突き出し)さあ、吸い付け煙草だ。一服飲みなせえ。

意休　ハハハハハ、見かけは立派《りっぱ》な男だが、可哀《かあい》やてんぼうだな。足のよく働《はたら》く麩屋《ふや》の男か。そのようなことをして男伊達《おとこだて》で候《そうろう》のと人を脅《おど》かすか。総じて男伊達というものは、第一正道《しょうどう》を守り、無礼《ぶれい》をなさず、意気地《いくじ》によって心を磨《みが》くをまことの男伊達という。とかく廓《くるわ》に絶《た》えぬが地廻《じまわ》りのぶうぶう、耳のはたの蚊《か》も同然、手の平《ひら》でぶっつぶすぞ。したが虫のこと、何を言っても馬の耳に風。ままよ、蚊遣《かや》りに伽羅《きゃら》でも焚《た》こうか。

助六　兵道《へいどう》常ならず、敵《てき》によって変化すとは三略《さんりゃく》の言葉。相手によってあしらいようが違《ちが》う。来たって是非《ぜひ》を説《と》く奴《やつ》はこれ是非の人。大きな面《つら》をする奴は足であしらい、無礼咎《とが》めをする奴は下駄《げた》でぶつ。ぶたれて義者張《ぎしゃば》ると引っこ抜いて斬る。これが男伊達の意気地《いきじ》だ。習いも伝授《でんじゅ》もないわ。引っこ抜いて、唐竹割《からたけわり》にぶっぱなすが男伊達の極意《ごくい》。誰だと思うやい、つがもねえ。女郎《じょろう》衆、この頃、この吉原へ蛇《へび》が出るとや。

皆々　おお、こわ。

助六　いいや、何も恐《こわ》い蛇じゃない。面《つら》は力《りき》んで総白髪《しらが》、髭《ひげ》があって、とんと左団次(編者注　実際には意休を演じる役者の名前が入ります。ここでは意休の名演で知られる市川左團次の名前を入れました)によく似た蛇だ。この蛇が変わったことは、毎晩毎晩、女郎に振《ふ》られても、恥《はじ》を恥と思わず、通《かよ》いつめる執着《しゅうじゃく》の蛇だ。こいつが時折《ときおり》、伽羅を焚くのだ。何のために焚くかと思えば、そいつが髭に虱《しらみ》がたかる。伽羅は虱の大禁物《だいきんもつ》。人目《ひとめ》にいたりと見しょうとは、きゃら臭《くせ》え奴《やつ》だ。

（奥《おく》の方から、意休の子分であるくわんぺら門兵衛《もんべえ》という男が湯上《ゆあが》りの格好《かっこう》で現れる。）

門兵衛　いやだいやだ。おきゃあがれ、おきゃあがれ。くわんぺらさまが、こう怒《おこ》っちゃあ、矢も楯《たて》もたまらない。女郎めらを出せ、出せ。

意休　こりゃこりゃ、くわんぺら、どうしたものだ。

門兵衛　こりゃ親分でござんすか。まあ聞いて下せぇ。憎《にく》いのはこの遣《や》り手だ。おい、うぬぁ、よくも女郎の二重《にじゅう》売りをしやがったな。太い奴《やつ》だ。

お辰《たつ》　もしもし、なんのことでござんす。太いの細いのと、女子《おなご》をとらえて、おお、こわ。

門兵衛　うぬぁ人を馬鹿《ばか》にしやあがるな。これやい、このくわんぺら大王様がご酒宴《しゅえん》のあまり、風呂《ふろ》を召《め》そうとのご託宣《たくせん》。そこで俺《おれ》のご趣向《しゅこう》は女郎を一緒に入れて、背中《せなか》を流させようとの思い付き。あっとお受けしたゆえに、俺はさっきから風呂の中で、待てど暮らせど一人も来ず、おらぁ湯の中で半分とけたわえ。ふんばりめらをこれへ出せ。残らず湯壺《ゆつぼ》へ叩《たた》き込んで、女郎の白湯《しらゆ》漬けをかっ込むぞ。

傾城一　もしもし、くわんぺらさん。お前一人がお客ではあるまいし、ふんばり呼ばわり置いて下さんせ。

傾城二　もう良い加減《かげん》になさんせぬと、お前の口へ大戸《おおど》を立てるぞえ。

傾城三　あの憎らしい顔を見て、みなさん笑わんせ。

傾城皆　わあい、わあい。
門兵衛　うぬらは笑ったな。いや笑い清め奉《たてまつ》ったな。もう勘弁《かんべん》ができねぇぞ。
（門兵衛を取り押さえようとすると、そこへうどん屋が現れ、担《かつ》いでいる箱ごと、門兵衛にぶつかる。）
門兵衛　ああ、痛いなあ。野郎め、待ちゃあがれ。
担《かつ》ぎ　ごめんなさいまし、ごめんなさいまし。
門兵衛　何だ、お許しなされませ？　うぬぁ、けんどん箱をぶっつけておいて、ごめんなさいとは、よくできた。ここな、蕎麦《そば》かす野郎《やろう》の、たれ味噌《みそ》野郎の、だしがら野郎め。うぬぁ俺《おれ》が目の玉へ入らねえか。
担ぎ　先を急ぎますゆえに、ごめんなされませ。もし、花魁方、お詫《わ》びなされて下さりませい。
皆々　もし、門兵衛さん、堪忍《かんにん》してやらしゃんせいなあ。
門兵衛　ならねえ、ならねえ。
担ぎ　それじゃあ、これほど詫びを言っても、許しちゃくれねぇのかい。
門兵衛　知れたことだ。
担ぎ　ならなきゃ仕方がねぇ。ならば、勝手にしろい！（そこへあぐらをかく）
（助六は門兵衛の手を捩《ね》じ上げる。）
門兵衛　おお、痛い、痛い、痛い。どうする、どうする。
助六　もう良い加減だ。堪忍してやるものだ。
門兵衛　なんだと、堪忍してやるものだよ？

助六　堪忍してやりなさいよ。
門兵衛　なんだ、堪忍してやりなさいよ？　その口のききようが気にくわねぇ。さっきから、大分《だいぶ》洒落《しゃれ》る奴だが、うぬぁ俺《おれ》を知らねえな。
助六　これはどうしたものです。こなたを知らぬものがあるものか。この吉原は言うに及ばず、この江戸には隠《かく》れねえ。
門兵衛　知っているか、
助六　誰《だれ》だか知らねえ。
門兵衛　おきゃあがれ。こいつは人を上げたり下ろしたりしやあがるな。
助六　うぬがような安い野郎を、誰が知るものか。
門兵衛　こいつぁ、恐《おそ》れ多いことを抜《ぬ》かすわえ。俺を知らぬと抜かすからは、今日が吉原へ宮参りに来た赤子《あかご》だな。おい、耳の穴をかっぽじってよく聞けよ。これにござるが俺の親分、通俗三国志《つうぞくさんごくし》のききもの、関《かん》羽《う》、字《あざな》を雲長《うんちょう》、髭《ひげ》から思いついて髭の意休殿。その烏帽子児《えぼしご》に、関羽の関を取って、くわんぺら門兵衛、ぜぜ持ち様だぞ。尊《とうと》い寺は門から見える。門兵衛という腹っぷくれだ。いやさ、その頭の紫の鉢巻をかなぐり捨てて、三度礼拝《みたびれいはい》をひろげよ。
助六　謂《い》われを聞けばありがてぇ。しかし貴様《きさま》の長ゼリフのうち、気の毒な、うどんがのびる。馬鹿《ばか》な奴《やつ》だ。早く行け、早く行け。
門兵衛　ならねえぞ、ならねえぞ。

助六　さっきから詫《わ》び言《げん》をしても、ならねえ、ならねえと。ははあ、貴様《きさま》はひだるいな。丁度《ちょうど》良い時分《じぶん》に担ぎ目が来たによって、どさくさ紛《まぎ》れにうどんを一杯《いっぱい》してやろうとな。はて、遠慮深《えんりょぶけ》ぇ男だ。そんならそうと言ったがよい。ようし俺が振《ふ》る舞《ま》ってやろう。（うどんの入っている箱からうどんを出して）銭《ぜに》は俺がやる。こりゃ精進《しょうじん》か。

担ぎ　いいえ、生臭《なまぐさ》でございます。

助六　お精進かは知らねぇが、わしが給仕《きゅうじ》だ、一杯上がれ。

門兵衛　なんだ、わしか。

助六　むう、わしさ。

門兵衛　うぬが鷲《わし》なら、おらあ熊鷹《くまたか》だ。

助六　なんだ、熊鷹の長範《ちょうはん》。貴様は手が長いの。

門兵衛　おきゃあがれ。おらぁ、いやだわえ。

助六　はて、力《りき》まぬもんでごんす。胡椒《こしょう》をかけて、（門兵衛の鼻先で胡椒を入れるので、門兵衛がくしゃみをする）さあ、一つ上がれ。

門兵衛　何度言っても、おらぁいやだぁ。

助六　わしがくくめて進ぜようか。

門兵衛　いやだいやだ、いやだわい。

助六　どうとも勝手にしやあがれ（うどんを門兵衛に浴びせかける）。

（うどんの担ぎ手は花道へ逃《に》げていく。門兵衛の子分である朝顔仙平《あさがおせんべい》が奥《おく》から出て来る。）

仙平　親分、親分。仙平が来やした。

門兵衛　仙平、仙平。

仙平　どうした、どうした。

門兵衛　斬《き》られた、斬られた。傷《きず》は深いか浅いか、見てくれ、見てくれ。

仙平　これこれ、親分。傷はどこにもござらぬぞや。

門兵衛　それでもこんなに血がダラダラ、ダラダラ。（頭の上のうどんを取って見て）いやあ、斬られたと思ったら、こりゃうどんだ。

仙平　おかっせえ。

（門兵衛が奥へ引っ込み、仙平が助六の前へとやってくる。）

仙平　やい、二歳野郎《にせいやろう》め、三歳《さんせい》野郎め、いやあ、仔細《しさい》らしい奴だ。およそおらが親分の門兵衛殿に刃向《はむ》かう奴《やつ》は覚《おぼ》えがない。それにまあ、親分の頭へよくもうどんをぶっかけたな。この上はこの奴《やっこ》が料簡《りょうけん》がならぬ。俺が手に掛《か》ける。まず俺様が名を聞いて、閻魔《えんま》の小遣《こづか》い帳にくっつけろ。えへん、ことも愚《おろ》かや、この糸鬢《いとびん》は砂糖煎餅《さとうせんべい》が孫《まご》、薄雪煎餅《うすゆきせんべい》は俺が姉、木《こ》の葉煎餅《はせんべい》とは行き合い兄弟、塩煎餅が親分に、朝顔仙平という色奴《いろやっこ》様だぞ。野郎め、うぬをこう（と助六にかかっていくが、助六に投げられてしまう）。

門兵衛　仙平、仙平、どうした、どうした。

仙平　それなる木の根にけし飛んで、思わぬ負けをいたしたり。

門兵衛　相撲《すもう》の勝負は知らねども、木の根はまさしく、

仙平　おい、

門兵衛　ここにあり。

仙平　おかっせえ。

皆々　おきゃあがれ。

門兵衛　野郎め、重ね重ねの曲手毬《きょくてまり》。一体、うぬあ、何という野郎だ。

助六　（ふたりを交互《こうご》に見て）いかさま、この五丁町《ごちょうまち》へ脛《すね》を踏《ふ》ん込《こ》む野郎めらは、俺が名を聞いておけ。まず第一、瘧《おこり》が落ちる。まだ良いことがある。大門《おおもん》をずっと潜《もぐ》ると、俺が名を手の平《ひら》へ三遍《さんべん》書いてなめろ。一生《いっしょう》女郎に振られるということがねえ。見かけはケチな野郎だが、肝《きも》が大きい。遠くは八王子の炭焼売炭《すみやきばいたん》の歯っかけじじい、近くは山谷《さんや》の古遣《ふるや》り手梅干《うめぼし》ばばあに至るまで、茶飲み話の喧嘩沙汰《けんかざた》。男たちの無尽《むじん》のかけ捨て、ついに引けを取ったことのねえ男だ。江戸《えど》紫《むらさき》の鉢巻《はちまき》に髪《かみ》は生締《なまじ》め、それ、はけ先の間から覗《のぞ》いて見ろ。安房上総《あわかずさ》が浮き絵のように見えるわ。見え手が増えれば竜《りゅう》に水、金龍山《きんりゅうさん》の客殿《きゃくでん》から目黒不動《めぐろふどう》の尊像《そんぞう》までご存じの、江戸八百八町《はっぴゃくやちょう》に隠《かく》れのねえ、杏葉牡丹《ぎょうようぼたん》の紋付《もんつき》も桜に匂《にお》う仲之町《なかのちょう》、花川戸《はなかわど》の助六とも、また、揚巻《あげまき》の助六ともいう若《わけ》え者。間近く寄って面《めん》つらを拝《おが》み奉《たてまつ》れえ。

門兵衛・仙平　いやあ。

助六　ここな、どぶ板野郎の、垂れ味噌《みそ》野郎の、出し殻《がら》野郎め。引っ込みゃあがられ。

門兵衛・仙平　もう許されぬ。

（門兵衛と仙平が斬ってかかる。助六との立ち廻《まわ》りがあり、助六が両人をやっつける。）

傾城皆　助六さんの大当たり、やんややんや。

助六　（助六が両人を投げ、意休《いきゅう》の脇《わき》へ腰を掛け、）ヤットコドッチャアウントコナ。さあ親仁《おやじ》殿、こなたの子分だの、何のかのと言った奴らは、みんなあの通り。定めて貴様は堪忍《かんにん》なるまい。斬らっしゃい、抜かっしゃい、どうですな、どうですな。

意休　……。

助六　なぜ物を言わねえ。唖《おし》か、聾《つんぼ》か。（意休の横に腰を掛け、左足を意休の足の上にのせ）抜きゃれさ、抜きゃれさ。はて、張り合いのない奴だ。猫《ねこ》に追われた鼠《ねずみ》のように、チュウの音も出ねえな。可愛《かわい》や、こいつ死んだそうな。よしよし、俺が引導《いんどう》渡してやろう。（立ち上がって、下駄《げた》を脱《ぬ》いで、それを意休の頭へ載《の》せて）如是畜生発菩提心《にょぜちくしょうほつぼだいしん》、頓証菩提《とんしょうぼだい》、南無阿弥陀仏《なむあみだぶつ》、南無阿弥陀仏、乞食《こじき》の閻魔《えんま》様め。

（意休が頭に載せられた下駄を取って投げ捨て、刀を抜こうとする。）

助六　こりゃあ、なかなか面白くなって来たわえ。さあ、抜け抜け抜け、抜かねえか。

意休　いんにゃ抜くまい（刀を収める）。

門兵衛　これこれ親分、こなたがそう気が弱くっては、おいらが大分心細いわ。

仙平　日頃自慢《じまん》の兵法《ひょうほう》は、いつの役に立つのだ。

門兵衛・仙平　ええ、みじめな人だなあ。

意休　大象《だいぞう》は兎径《とけい》に遊ばず。鶏《にわとり》を割《さ》くに何ぞ牛の刀を用いんや。意休の相手になる奴じゃあない。かんぺら、朝顔、鼻紙袋《はながみぶくろ》の用心しろ。ええ、うぬ。

助六　（脇差《わきざし》を抜いて、意休の脇に置かれている曲禄《きょくろく》を切り、それを収め）まあ、ざっとこのくらいなものさ。

門兵衛　そおれ、ぶちのめせ

（大勢《おおぜい》が棒を手にして助六に向かっていく。助六はこれを斬り払い、花道へと追い込んでいく。意休と花魁たちは奥へと引っ込んでいく。）

助六　口ほどにもねぇ、弱い奴らだ。どりゃ、揚巻《あげまき》が蒲団《ふとん》の上で一杯《いっぱい》やろうか……。

この後の展開

助六を残して、居並《いなら》んでいた連中《れんちゅう》は逃《に》げてしまいますが、白酒《しろざけ》売りが一人残ります。その男の鉢巻を取って見れば、その正体は兄の十郎《じゅうろう》。弟から喧嘩《けんか》の訳を聞き、一緒《いっしょ》に刀を捜《さが》そうと言い出します。

そして、助六が兄に喧嘩の仕方を教えていると、母の満江《まんこう》が現れ、喧嘩ができないようにと、破れやすい紙の着物を与えて十郎と帰っていきます。そこへ揚巻を口説《くど》こうという意休《いきゅう》が再び登場。揚巻は打掛《うちか》けの中に助六を隠《かく》しますが、意休が口にする悪口《わるぐち》に辛抱《しんぼう》しかねて、助六が飛び出します。意休は助六の本心を見透《みす》かしており、兄弟で親の敵《かたき》を討《う》てと意見をし、手元にある香炉台《こうろだい》を斬って見せます。その刀こそ友切丸《ともきりまる》。揚巻は意休が去るのを待つように、助六の心を収めます。

●作品の背景●

この『助六由縁江戸桜』、いわゆる『助六』の成立には数々の変遷《へんせん》がありますが、なかでも今日《こんにち》演じられることの多い芝居の形をここでは紹介《しょうかい》しました。この形は七世市川團十郎《いちかわだんじゅうろう》（一七九一～一八五九）が助六を演じた、文化八年（一八一一）の市村座《いちむらざ》のものです。また『助六由縁江戸桜』という演題で上演するのは、成田屋という屋号を持つ、市川團十郎または市川海老蔵《いちかわえびぞう》が助六を務《つと》める興行《こうぎょう》においてのみとされています。

助六の正体《しょうたい》が鎌倉時代の武士《ぶし》であり、父・河津祐泰《かわづすけやす》の敵《かたき》である工藤祐経《くどうすけつね》を捜す「曽我五郎《そがごろう》」であり、白酒売《しろざけう》りが「五郎の兄　曽我十郎《そがじゅうろう》」という設定であることから、「曽我もの」と呼ばれる作品です。

ちなみに稲荷寿司《いなりずし》とのり巻きをセットにした寿司のことを「助六寿司」と呼ぶのは、助六の愛人揚巻《あげまき》の名前が、稲荷の「油揚《あぶらあげ》」と「巻寿司《まきずし》」に通じることから付けられたと言われています。

知っておきたい用語集

花川戸《はなかわど》　東京都台東区の東部にある地域。

遊女《ゆうじょ》　江戸時代、幕府公認の遊廓《ゆうかく》などにいた娼婦《しょうふ》。女郎《じょろう》。娼妓《しょうぎ》。傾城《けいせい》。

大見世《おおみせ》
→総籬《そうまがき》　江戸の吉原遊廓《よしわらゆうかく》で最も格の高い娼家《しょうか》（遊女《ゆうじょ》を置いて客をとる店）。大籬《おおまがき》。

花魁《おいらん》　江戸の吉原遊廓《よしわらゆうかく》でもっとも位の高い遊女《ゆうじょ》。

新造《しんぞ》　ここでは、江戸時代に遊廓で姉女郎《あねじょろう》の後見《こうけん》付き（サポート役）として、新しく勤《つと》めに出た若い遊女。

禿《かむろ》　江戸時代の遊廓《ゆうかく》における少女の職名。太夫《たゆう》などの上位の遊女がそばに置いて使う一三～一四歳くらいまでの見習いの少女。

遣《や》り手《て》　遊廓《ゆうかく》で客と遊女との取り持ちや、遊女の監督《かんとく》をする年配《ねんぱい》の女。遣り手婆《ばば》。

八文字《はちもんじ》　遊女が揚屋《あげや》（遊女をかかえている置屋《おきや》から呼んで客を遊ばせる店）入《い》りをする際に、道中《どうちゅう》で見せる足の踏《ふ》み方で、腰《こし》をすえて八の字型に足を繰《く》り出す歩き方。「内《うち》八文字」と「外《そと》八文字」の二種があり、前者は京都の島原《しまばら》遊廓で好まれ、後者は吉原遊廓で多く行われた。

床几《しょうぎ》　肘《ひじ》掛《か》けのない腰《こし》掛《か》けで、野外で用いる。

大尽《だいじん》　財産を多く持っている者。金持ち。特に遊里《ゆうり》などで、金を多く使って遊ぶ客。

傾城《けいせい》
→前出「遊女」と同じ。

冷《ひ》えものでござい
→冷物御免《ひえものごめん》　江戸時代の銭湯《せんとう》で、湯船《ゆぶね》に入るときに周囲の人に掛ける挨拶《あいさつ》の言葉。遊女が寝床に入る際にふざけて言ったりもする。

長床几《ながしょうぎ》　数人掛《か》けられる程度の横長《よこなが》につくった簡単な腰掛《こしか》け台《だい》。

吸い付け煙草《たばこ》　火を吸い付けて相手に差し出すタバコ。すいつけ。遊女などの女性が男性に示す情愛の表現。

大門《おおもん》　遊廓の入口にある門。特に吉原の入口にあったものが知られる。

仲之町《なかのちょう》　遊廓の中央を貫くメインストリート。

蒸籠《せいろう》　食物を蒸《む》すための器具。湯を沸《わ》かした釜《かま》などの上に重ねて置き、下からの蒸気で蒸す。

女郎《じょろう》づか
→**女郎柄《じょろうづか》**　女郎買いを専《もっぱ》らにすること。傾城柄《けいせいづか》。

足のよく働く麩屋《ふや》の男　麩屋《ふや》では材料を足でよく踏《ふ》んで麩をつくることから、よく働く男の意味。

てんぼう　役に立たない人。

男伊達《おとこだて》　強い者をくじき、弱い者を助け、信義《しんぎ》を重んじること。また、そういう人。侠客《きょうきゃく》。

地廻《じまわ》り　盛《さか》り場《ば》を根城《ねじろ》としてぶらぶらすること。また、そこをぶらついているならず者。

ぶうぶう　不平不満《ふへいふまん》。小言《こごと》。また、それを言いたててばかりいる人。

伽羅《きゃら》　香料《こうりょう》の一種で、沈香《じんこう》などの香木《こうぼく》の樹心《じゅしん》から製する良質の香。

三略《さんりゃく》　中国古代の兵法《へいほう》の書。上略《じょうりゃく》・中略《ちゅうりゃく》・下略《げりゃく》の三巻からなる。

義者《ぎしゃ》張る　律義《りちぎ》に振《ふ》る舞《ま》う。力《りき》む。

唐竹割《からたけわり》　竹を割るように、物を縦に勢《いせ》いよく切り裂《さ》くこと。人を刀で斬《き》るときの形容に用いる。幹竹割。

つがもない　筋道《すじみち》が立たない。とんでもない。途方《とほう》もない。むちゃくちゃである。

おきやがれ
→**置きゃあがれ**　やめてくれ。いいかげんにしろ。よせやい。

太い奴《やつ》　あつかましい奴。ずうずうしい奴。

ふんばり　ここでは、下級《かきゅう》の売春婦《ばいしゅんふ》のこと。また、遊女や女性をののしっていう語。ふりばり。

白湯《しらゆ》漬《づ》け
→**湯漬《ゆづ》け**　飯に湯をかけて食べること。また、湯をかけた飯。

けんどん　江戸時代、一杯《いっぱい》だけで売ったうどんやそば、飯、酒など。ここではうどんを指す。

烏帽子《えぼし》　元服《げんぷく》した男子の用いた袋状《ふくろじょう》の冠物《かんむりもの》。

ぜぜ　銭《ぜに》を指す幼児や女性の語。

ひだるい　空腹だ。ひもじい。

精進《しょうじん》　一定の期間、行いを慎《つつし》み、身を清めること。肉食を断って菜食《さいしょく》をすること。

生臭《なまぐさ》　生臭いもの。特に、魚や肉のこと。

熊鷹《くまたか》の長範《ちょうはん》
↓熊坂長範《くまさかちょうはん》　平安末期《まっき》の伝説的な盗賊《とうぞく》。奥州《おうしゅう》に赴《おもむ》く金売吉次《かねうりきちじ》を美濃国《みののくに》赤坂の宿で襲《おそ》い、牛若丸《うしわかまる》に討《う》たれたとされる。

くくめる
↓くくむ　口の中に入れてやる。口に含ませる。

閻魔《えんま》の小遣《こづか》い帳
↓閻魔帳　閻魔大王が、亡者《もうじゃ》の生前の名前や行動を記《しる》しておくという帳簿《ちょうぼ》。

糸鬢《いとびん》　元禄期《げんろくき》（一六八八～一七〇四）ごろに流行した男子の髪形《かみがた》。月代《さかやき》（頭の前から頭のてっぺんにかけて髪を剃《そ》った部分）をさらに左右および後方へ広く剃《そ》り下げて、両鬢を細く狭《せま》く糸のように残したもの。

曲手毬《きょくてまり》　毬を用いた曲芸。

五丁町《ごちょうまち》　江戸の吉原遊廓《よしわらゆうかく》の江戸町一・二丁目、京町一・二丁目、角《すみ》町の五つの町。転じて、吉原を指す。

瘧《おこり》　一定の周期で発熱し、悪寒《おかん》やふるえの起こる病気。

無尽《むじん》
↓無尽講《むじんこう》　金銭を融通《ゆうずう》し合う目的で組織された講《こう》（集会）で、世話人の募集《ぼしゅう》に応じて、講の構成員となった者が、一定の掛金《かけきん》を持ち寄って定期的に集会を催《もよお》し、抽籤《ちゅうせん》や入札《にゅうさつ》などの方法で、順番に各回の掛金の給付《きゅうふ》を受ける庶民金融《しょみんきんゆう》の組織。

生締《なまじ》め　歌舞伎の鬘《かつら》の一つで、髷《まげ》を油で棒状《ぼうじょう》に固めたもの。時代物の分別《ふんべつ》ある武士の役に用いるほか、ここで登場する助六などの荒事《あらごと》系の役にも用いられる。

杏葉牡丹《ぎょうようぼたん》　紋所《もんどころ》の名。牡丹の花の両側から杏《あんず》の葉の形に牡丹の葉でおおった図柄《ずがら》のもの。市川團十郎《いちかわだんじゅうろう》の替《か》え紋（定紋《じょうもん》に替えて用いる略式または装飾《そうしょく》の紋）。

大象《だいぞう》は兎径《とけい》に遊ばず
↓大象兎径《だいぞうとけい》に遊ばず　大きな人物は、つまらない人物を相手にはしないという意。

鶏《にわとり》を割《さ》くに何ぞ牛の刀を用いん
↓鶏《にわとり》を割《さ》くに焉《いずく》んぞ牛刀《ぎゅうとう》を用いん　小さなことを処理するために、大人物を用いたり、大げさな手段《しゅだん》を取る必要はないということのたとえ。また、適用の仕方が正しくないことのたとえ。

曲彔《きょくろく》　法会《ほうえ》などで僧が用いる椅子《いす》。背《せ》の寄りかかりを半円形に曲げ、脚《あし》をX字形に交差させたものが多い。

歌舞伎
能
講談
浪曲

勧進帳
（かんじんちょう）

●作品のポイント●

七世市川團十郎《いちかわだんじゅうろう》（一七九一～一八五九）が市川家のお家芸《いえげい》として選定《せんてい》した歌舞伎演目「歌舞伎十八番」の一つで、歌舞伎を代表する演目です。

舞台は鎌倉時代。将軍 源《みなもとの》頼朝《よりとも》と不和《ふわ》となった弟の義経《よしつね》とその一行は、山伏《やまぶし》に変装《へんそう》して北陸道を陸奥国《むつのくに》へと向かいます。ところがその先では義経を捕《と》らえるために、幕府《ばくふ》から安宅関《あたかのせき》で関守《せきもり》を命じられた富樫左衛《とがしさえ》門《もん》が待ち構《かま》えています。今にも身分《みぶん》が明らかになりそうな義経と、主君《しゅくん》を助けようと必死になる弁慶《べんけい》。そして両者の思いに心打たれる富樫。ぶつかり合わざるを得ない三人の立場と心を描いた作品です。

本来の舞台では難解《なんかい》なセリフを用いたやり取りで演じられていますが、ここでは本来の内容と意味を極力保ちながら、わかりやすい現代語訳で紹介しました。登場人物たちの心を汲《く》み取りながら、物語の展開を味わって下さい。

歌舞伎十八番
松羽目物
忠義
才覚
人情
情愛
口上

【本　題】

舞台は安宅関《あたかのせき》で、富樫左衛門《とがしさえもん》とその家来《けらい》たちが舞台《ぶたい》へと登場します。

富樫　みなさまの前におります私は、加賀《かが》の国の住人《じゅうにん》、富樫左衛門でございます。源頼朝《みなもとのよりとも》と源義経《みなもとのよしつね》が不和《ふわ》とおなりあそばしたことから、判官殿《はんがんどの》（義経様）とその家来たちが、偽《にせ》の山伏《やまぶし》となって京を離れ、地方に行こうとしているということを鎌倉殿（頼朝様）がお聞きになり、あちこちの国に新しく関所《せきしょ》をお立てになり、旅人を厳《きび》しく取り調べよとの命令。それに従い、私がこの安宅の関の責任者の任務を承《うけたまわ》っております。（番卒《ばんそつ》に向かって）みなさんもそのように心得《こころえ》て行動してもらいたい。

番卒　仰《おお》せのごとく、怪《あや》しい山伏を捕《と》らえ、喬木《きょうぼく》にかけさせていただきます。重大な任務と心得て、われわれは関守《せきもり》の富樫様に従い、やってきた者が山伏であったならば、それを捕《と》らえて御前《ごぜん》に引きすえ申しあげましょう。また修験僧《しゅげんそう》がやってきたならば、すぐさま縄《なわ》をかけて首を討って取るように警護《けいご》をいたします。

富樫　大変に立派《りっぱ》な決意である。この先、山伏がやって来たならば、計略《けいりゃく》を使って捕《つか》まえ、鎌倉殿《かまくらどの》を安心させ申しあげましょう。しっかりと番をしてもらいたい。

番卒　承知しております。

（花道から義経一行が登場します。）

〽旅の衣《ころも》は篠懸《すずかけ》の、旅の衣は篠懸の、露《つゆ》けき袖《そで》やしおるらん。時しも頃は如月《きさらぎ》の、如月の十日《とうか》の夜《よ》。月の都《みやこ》を立ち出でて、これやこの行くも帰るも別れては、知るも知らぬも逢坂《おうさか》の山。隠《かく》す霞《かすみ》ぞ春はゆかしける（恨《うら》めしき）。波路《なみじ》はるかに行く船の、海津《かいづ》の浦《うら》に着きにけり

（山伏の着る篠懸の衣が旅の衣だ。その篠懸の衣は篠《しの》の露《つゆ》を避《さ》けるために着るものなのだが、まさに篠懸の衣の袖は露に濡《ぬ》れている。そしてこのような不本意《ふほんい》な逃避行《とうひこう》の悲しさで流す涙《なみだ》によって、露にも負けないくらい袖がひどく濡れてしおれている。その時は二月、二月十日の夜。「これやこの 行くも帰るも別れては知るも知らぬも……」の古歌《こか》で有名な逢坂山を振り返って見るが、その山はもう見えない。霞が逢坂山を隠す風情《ふぜい》はすばらしいものだが、琵琶湖《びわこ》を渡《わた》って来てしまった今、都の春の霞が懐《なつ》かしく、もう一度見てみたいが、逢坂山を春の霞が隠している。義経一行は琵琶湖を渡り、波路《なみじ》を遠く渡っていく船の櫂《かい》ではないが、海津の浦に着いたのであった）

義経　弁慶《べんけい》、どうであろうか。これまでの道中《どうちゅう》でも話してきたとおり、このように行く先々に関所があっては、どのようにがんばっても陸奥《むつ》まで到達《とうたつ》することは難《むずか》しそうだ。源氏《げんじ》の大将として戦《いくさ》を指揮《しき》し、今は判官《はんがん》という官職《かんしょく》まで持つ自分であるから、無理《むり》に逃《に》げようと戦《たたか》ったとして、どこの誰《だれ》ともわからない、名もないような兵卒《へいそつ》に殺されるのは不本意《ふほんい》である。潔《いさぎよ》く自害《じがい》する覚悟《かくご》は決めているのだが、なんとか陸奥まで逃げて身の安全を確保し、時節《じせつ》を待とうというお前たち家来《けらい》の言葉も無視することもできず、弁慶の言葉にしたがって、このように強力《ごうりき》の変装《へんそう》をしたのだ。この先の行動について、何か考えていることはあるのだろうか。

四天王《してんのう》　そのことでございますが、われわれが腰《こし》に携《たずさ》えている太刀《たち》は何のためにあるのでしょうか。いつ、どんな時《とき》に戦って、この刀を血まみれにすればいいのでしょうか。それは今です。われわれの主君《しゅくん》（義経）にとって危機《きき》とは、まさに今です。何があっても気持ちを保って、関所の番人《ばんにん》たちを斬《き》り倒《たお》し、関所を破って強行突破《きょうこうとっぱ》しましょう。積年《せきねん》の（源平《げんぺい》の戦《いくさ》での数々の勝ち戦という）武士として受けた恩を返すのは、たった今です。さあ、関所を破りましょう。

弁慶　おおい、しばらくの間、お待ちを。これは重大な主君の危機である。今、この関を踏《ふ》み破って無理に越えたとしても、行く先々《さきざき》に待つ新たな関で、またこのような（山伏を捕らえろという）命令があったとしたなら、山伏が関所を踏《ふ》み破って通るということは、むしろ警戒《けいかい》を強めるだけで、自ら物事を破綻《はたん》させるという理屈《りくつ》である。そうしたやり方では、容易《ようい》に陸奥に行き着くことはできないであろう。だからこそ、主君（義経様）は山伏の扮装《ふんそう》である袈裟《けさ》や兜巾《ときん》をおはずしになり、われわれは笈《おい》を主君の肩《かた》に乗せて、強力に見えるように仕立《した》てたのだ。ともかくここは私におまかせいただき、重い荷物を持たせたこのような状態はいたわしくは思いますが、顔が隠れるようにお持ちの笠《かさ》を深くかぶって、疲《つか》れ果てた様子《ようす》に取りつくろって、われわれより後ろに下がり、離《はな》れて関をお通りになれば、関所の者たちは判官様だとは思いもよらないでしょう。

義経　すべてのことは弁慶にまかせるので、何があっても弁慶がよいように計《はか》らいなさい。みなも弁慶のやることに逆《さか》らわないように。

四天王　承知いたしました。

弁慶　それでは、みなさん、関所をお通りください。

〽いざ通らんと旅衣《たびごろも》　関のこなたにさしかかる

（さあ通ろうと、旅装《りょそう》の一行《いっこう》は関所のこちら側の入口にさしかかる）

弁慶　よろしいでしょうか。ここにいる山伏が関所を通らせていただきます。

番卒《ばんそつ》　なに？　山伏が関所を通ろうというのか。

富樫　なんだと、山伏が通るというのか。みなの者、心得ているだろうな。もし、旅の僧たち、ここは関所である。

弁慶　承知《しょうち》しております。南都《なんと》（奈良）の東大寺建立《とうだいじこんりゅう》のために、国々に旅の僧を派遣《はけん》なさり、寄付《きふ》集めをしております一行です。北陸道方面はこの旅僧《たびそう》である私が命令を受けて赴《おもむ》き、この関所を通らせていただくのです。

富樫　最近にはめずらしく、立派なことではございますが、この新関《しんせき》は山伏に限っては通ることはできません。

弁慶　腑《ふ》に落ちないことです。さて、その理由とは。

富樫　それは、頼朝様と義経様の仲が悪くなったことにより、判官殿（義経様）とその家来が陸奥の藤原秀衡《ふじわらのひでひら》を頼《たよ》り、都から陸奥に赴《おもむ》くということを鎌倉殿（頼朝様）がお聞きになり、義経様を厳しく捜査《そうさ》しろという厳命《げんめい》により、新たな関がつくられ、私がこの関所を受け持っております。

番卒　山伏を取り調べろという命令で、われわれも番をしている。見たところ大勢《おおぜい》の山伏たちではないか。一人たりとも通すことはできないぞ。

弁慶　事情は承知いたしました。それは偽《にせ》の山伏を捕《つか》まえろという命令でしょう。本物の山伏を捕まえろという命令ではございますまい。

番卒　いや、昨日《きのう》も山伏を三人斬《き》った上は、例外は認められない。たとえ本物の山伏であっても許すことはできない。無理に通るなら、その命も保証《ほしょう》がないぞ。

弁慶　その斬ってしまったという山伏の首は判官殿（義経様）であるのか。違《ちが》っていたなら、本物の山伏の首を斬ったことになるぞ。

富樫　面倒《めんどう》である。問答無用《もんどうむよう》。一人たりとも通すことを許すことはできない。

弁慶　言語道断《ごんごどうだん》だ。このようなひどい仕打《しう》ちがあるだろうか。この上は自分の力ではどうしようもない。あきらめて見事成敗《せいばい》されることにしよう。みなさん、私のそばにいらしてください。

四天王　わかりました。

弁慶　さあ、最期の仏への勤《つと》めである祈《いの》りをしよう。

〽それ、山伏といっぱ、役《えん》の優婆塞《うばそく》の行義《ぎょうぎ》を受け、即身即仏《そくしんそくぶつ》の本体を、ここにて打ち止め給《たま》わんこと、明王《みょうおう》の照覧《しょうらん》はかり難《かと》う。熊野権現《くまのごんげん》の御罰《おんばち》当たらんこと、たちどころにおいて疑《うたが》いあるべからず。

唵阿毘羅吽欠《おんあびらうんけん》と数珠《じゅず》さらさらと押しもんだり

（それ、つまり山伏といえば（どういうものかというと）、修験道《しゅげんどう》の祖《そ》である「役の優婆塞」の修行のやりかたを受け継ぎ、この心がすなわち仏であるというこの体を、この場にて打ち殺しておしまいになり、修験道の信仰する不動明王《ふどうみょうおう》がそれをご覧《らん》になっていることは人知《じんち》を超えた力であり、殺した者たちに熊野三山《くまのさんざん》の神であり、不動明王の化身でもある熊野権現による罰《ばち》が当たるであろうことは疑いはない。胎蔵界大日如来《たいぞうかいだいにちにょらい》に帰依《きえ》し、信じるわれわれである。と、唱《とな》えながら数珠をじゃらじゃらと押しもんで祈っている）

富樫　近頃にしては、実に立派な覚悟《かくご》です。先ほど南都の東大寺再建《さいけん》のための寄付集めをなさっているというお言葉がありましたが、寄付の口上《こうじょう》が書かれた「勧進帳《かんじんちょう》」をお持ちでないはずはありますまい。勧進帳の読み上げをなさってください。ここで拝聴《はいちょう》いたしましょう。

弁慶　なに、勧進帳を読めとおっしゃるのですか。

富樫　いかにもそのとおりです。

弁慶　承知いたしました。

〽もとより勧進帳のあらばこそ。笈《おい》の内より往来《おうらい》の、巻物《まきもの》一巻取り出《い》だし、勧進帳と名付けつつ、高らかにこそ読み上げけれ

（もとより勧進帳があるはずはない。弁慶は笈（荷物の箱）の中から手紙の巻物を一巻取り出して、それ

を勧進帳だと称しながら高らかに読み上げた）

弁慶　それ、つらつら惟《おも》ん見れば、大恩教主《だいおんきょうしゅ》の秋の月は、涅槃《ねはん》の雲に隠れ、生死長夜《しょうじちょうや》の長き夢、驚《おどろ》かすべき人もなし。ここに中頃《なかごろ》、帝《みかど》おはします。おん名を聖武皇帝《しょうぶこうてい》と申し奉《たてまつ》る。最愛の夫人《ぶじん》に別れ、恋慕《れんぼ》の思いやみがたく、涕泣眼《ていきゅうまなこ》に荒く、涙玉《なんだ》を貫《ぬき》ねつらね、乾《かわ》くいとまなし。故《ゆえ》に、上下菩提《ぼだい》のため、盧遮那仏《るしゃなぶつ》を建立《こんりゅう》し給《たま》う。しかるに、去《い》んじ治承《じしょう》の頃、焼亡《しょうぼう》しおわんぬ。かかる霊場絶《れいじょうた》えなむことを嘆《なげ》き、俊乗《しゅんじょう》房重源《ぼうちょうげん》、勅命《ちょくめい》をこうむって、無常《むじょう》の関門《かんもん》に涙を流し、上下《じょうげ》の真俗《しんぞく》を勧《すす》めて、かの霊場を再建《さいこん》せんと諸国勧進《かんじん》す。一紙半銭《いっしはんせん》、奉財《ほうざい》の輩《ともがら》は現世《げんぜ》にては無比《むひ》の楽《らく》に誇り、当来《とうらい》にては数千蓮華《すせんれんげ》の上に坐す。帰命稽首《きみょうけいしゅ》敬《うやま》って申す。

（さて、じっくりとこの世や人生について考えてみると、大恩教主（釈迦《しゃか》）は、仏法《ぶっぽう》の真理を語って秋の月のように世の中を明るく照《て》らしていたが、釈迦が涅槃に入って、それを説《と》く者がいなくなったために、月が雲に隠れるように、今はその真理も隠れてしまっている。生きて死ぬことも仏法を知って悟《さと》りを開かなければ、生と死という長い夜に長い夢を見ているようなものだが、今は仏法の心理を説いて、その眠りを覚《さ》ますことができるような人もいない。実に迷いの多い、つらい世の中である。さてここに、少し前であるが、ある帝《みかど》がいらっしゃった。お名前を聖武天皇《しょうむてんのう》と申し上げる。帝《みかど》は最愛の妻と死に別れてしまい、死んだ妻を恋《こ》い思う気持ちをとどめることができなかった。涙《なみだ》を流して、泣いて眼《め》は腫《は》れ上がり、涙は玉に穴をあけてつなげたように流れ続けて乾《かわ》くひまもない。その悲しみと妻への愛情のために、人民が身分の上下《じょうげ》なく、死後、極楽往生《ごくらくおうじょう》できるように、盧遮那仏という仏を本尊《ほんぞん》とした東大寺を建立《こんりゅう》なさった。ところが、去る治承《じしょう》のころ、（平家《へいけ》のせいで）焼《や》けてなくなってしまった。このような立派な聖地《せいち》がなくなってしまうことを悲しく思って、（今回の勧進の主催者《しゅさいしゃ》である）俊乗房重源が帝にお願いして、東大寺再建の勅命《ちょくめい》を出していただき、その勅命を受けて、諸国を勧進して歩く。そしてわれわれもそれに協力して手分けをして勧進して歩いている。たとえ紙一枚、半銭程度《はんせんていど》のどんなわずかな財産でも寄付した賛同者《さんどうしゃ》は、この世においては譬《たと》えることもできない、楽しい人生を周囲に誇《ほこ》りながら送ることができ、当来《とうらい》（来世《らいせ》）においては極楽《ごくらく》に生まれ変わって、数千の蓮華《れんげ》の花の上に座《すわ》ることになろう。仏に身命《しんめい》を捧《ささ》げ、頭を下げて、敬《うやま》って以上のことを申し上げる）

〽天も響《ひび》けと、読み上げたり
（天にも響けとばかりに、大きな声で勧進帳を読み上げた）

富樫　勧進帳を拝聴し、それを確認した上は、あなた方が本物の山伏であることは疑いないでしょう。とは言いながら、あなたは立派な山伏であるようなので、ついでに修験道《しゅげんどう》について質問させていただこうと思います。仏門《ぶつもん》で修行《しゅぎょう》する僧は、宗派《しゅうは》や立場でその姿は様々です。その中でも山伏は特に恐《おそ》ろしげな姿で、その姿で争《あらそ》いを好まない仏教の一門《いちもん》で修行しているのは不審《ふしん》なことです。これには何か理由があるのでしょうか。

弁慶　その由来《ゆらい》を説明するのはとても簡単なことです。修験道の説《と》く仏法《ぶっぽう》といえば、不動明王《ふどうみょうおう》（大日如来《だいにちにょらい》）の説く中で、慈悲《じひ》をあらわす「胎蔵界《たいぞうかい》」と、智《ち》をあらわす「金剛界《こんごうかい》」の双方《そうほう》を肝要《かんよう》のものとしており、その修行は険《けわ》しい山や難所《なんしょ》などを歩いて道をつくり、世の中に害をあたえる危険《きけん》な動物や毒蛇《どくじゃ》を退治《たいじ》して、世の中を安全にして、この世の大切な民衆《みんしゅう》が安心して眠《ねむ》れるようにし、あるいは難行苦行《なんぎょうくぎょう》の修行をして仏功《ぶっこう》を積《つ》んで、その功徳《くどく》で悪霊《あくりょう》や亡魂《ぼうこん》が煩悩《ぼんのう》を脱《だっ》して成仏《じょうぶつ》できるようにしたりし、また、昼も夜も一日中、天下泰平《てんかたいへい》であるための祈禱《きとう》をするものです。そのような理由から、山伏は自分の内側には慈悲《じひ》という徳を持っており、一方で表《おもて》には魔物《まもの》が降臨《こうりん》したかのような恐《おそ》ろしげな外見《がいけん》を顕《あらわ》して、人に害をなす鬼や仏教を信じない魔物《まもの》を仏法の威力《いりょく》によって屈伏《くっぷく》させるのです。これはわが国の神と仏（不動明王《ふどうみょうおう》）の両方の姿であり、手に持つ百八粒《つぶ》の数珠《じゅず》に仏の道が導く功徳《くどく》をあらわすものです。

富樫　では、袈裟《けさ》を着けて仏衣《ぶつい》を身にまとって、仏に仕《つか》えるものの姿をしていながら、なぜ、頭に兜巾《ときん》というようなものをかぶっているのでしょうか。

弁慶　兜巾と上着《うわぎ》である篠懸《すずかけ》は、そのまま武士《ぶし》の甲冑《かっちゅう》と同じものであり、身を守る意味があります。さらに腰《こし》には煩悩《ぼんのう》を切り払う弥陀《みだ》の利剣《りけん》のような剣を帯《お》び、手には釈迦《しゃか》が持っていたという金剛杖《こんごうづえ》を持ち、われわれはその杖で大地を突《つ》いて歩き回って、道なき道を踏《ふ》み開き、高い山や難所《なんしょ》を縦横《じゅうおう》に歩くのです。

富樫　寺にいる普通《ふつう》の僧は錫杖《しゃくじょう》と呼ばれる杖を持っていますが、山伏、修験僧は金剛杖で五体《ごたい》、つまり体を守っています。その由来《ゆらい》とは。

弁慶　質問をするのも愚《おろ》かしいことです。金剛杖はもともとは天竺《てんじく》の壇特山《だんとくせん》という山にいた仙人《せんにん》である阿羅々仙人《あららせんにん》がお持ちになっていた霊力《れいりょく》のある杖であって、胎蔵界、金剛界の功徳《くどく》を内包《ないほう》しています。お釈迦様は悟《さと》りを開くために出家《しゅっけ》して壇特山に行ったのですが、その時期、まだ瞿曇沙彌《ぐどんしゃみ》と名乗っていらしたころ、阿羅々仙人につき従って苦行《くぎょう》をなさい、修行の功が積《つも》り、そのとき、阿羅々仙人は釈迦の信念《しんねん》の力が強いことに感心《かんしん》して、瞿曇沙彌という名前を改めて照普比丘《しょうふびく》と名づけました。このように阿羅々仙人と仏教とは非常に関係が深いものです。

富樫　では、その杖が修験道に伝わったのはどうしてか。

弁慶　阿羅々仙人より照普比丘（釈迦）に伝わったこの金剛杖は、このような神聖《しんせい》な力のある杖なので、われわれの修験道の宗祖《しゅうそ》である役《えん》の小角《おづぬ》がその杖を持って、山野の道なき道を歩き回りました。そしてそれから代々の修験僧たちにこの杖を伝えているのです。

富樫　仏教を修行する身であり、殺生《せっしょう》を禁じられているはずなのに、腰に帯びているその太刀《たち》は相手を脅《おど》して危険を回避するためのものなのか。それとも本当に相手を傷《きず》つけるためのものなのか。

弁慶　殺生を禁じられているのですから、剣《つるぎ》を持っても意味がないはずで、これこそ動けないカカシが弓矢を持っているのに似ていますが、この剣は相手を脅《おど》して身を守るためのものではありません。仏がつくった仏法や、王（帝《みかど》）のつくったこの社会の法を守らず、この世に害をなすものがあれば、害獣《がいじゅう》や毒蛇《どくじゃ》は言うまでもなく、この剣で斬り殺しますが、例えばそれが人間であったとしても、世の中の妨《さまた》げになり、仏法や王法に対立する悪人たちは、一人殺すことで大勢《おおぜい》を生かすことができるという道理《どうり》によって、すぐさま斬《き》って捨てるつもりです。

富樫　視界《しかい》を遮《さえぎ》るような実体のあるものはお斬りになることができるでしょうが、形のない死者の霊《れい》や攻撃的《こうげきてき》な魔物《まもの》が仏法や王法を邪魔《じゃま》することがあったら、何を使ってお斬りになるのでしょうか。

弁慶　形のない陰鬼《いんき》、陽魔《ようま》、亡霊《ぼうれい》は、「九字真言《くじしんごん》」を使ってこれを切って断てば簡単なことです。

富樫　では、山伏の独特《どくとく》のその装束《しょうぞく》はどういう意味合いがあるのですか。

弁慶　不動明王《ふどうみょうおう》のありがたい姿に似せているのです。

富樫　額《ひたい》に載《の》せている帽子《ぼうし》である兜巾《ときん》にはどんな意味があるのですか。

弁慶　これこそ、仏の五つの智《ち》をあらわす、立派な冠《かんむり》にも匹敵《ひってき》するもので、人の輪廻《りんね》のありさまを表現する「十二因縁《じゅうにいんねん》」を意味するように、十二の襞《ひだ》を取ってこの兜巾をつくり、頭に載せているのです。

富樫　肩にかけている袈裟《けさ》は。

弁慶　修験道の世界を構成する金剛界、胎蔵界の中で、大日如来《だいにちにょらい》の智をあらわす金剛界は九つの世界に分けられます。その九つの世界を現す「金剛曼荼羅《こんごうまんだら》」、別名「九会曼荼羅《くえまんだら》」を象徴《しょうちょう》する柿色《かきいろ》（赤）の篠懸《すずかけ》です。

富樫　足にまとっている「はばき」はどういうものか。

弁慶　大日如来の慈悲《じひ》をあらわす胎蔵界を象徴する黒い色の「はばき」と言います。

富樫　そしてまた、八《や》つ目（結び目が八つある）草鞋《わらじ》は。

弁慶　極楽《ごくらく》にある八枚の葉のある蓮華《れんげ》を踏み、極楽浄土《ごくらくじょうど》に立っているという心です。

富樫　吐《は》き、吸う、息とは。

弁慶　阿吽《あうん》の二字です。

富樫　そもそも修験者が唱《とな》える「九字真言《くじしんごん》」とは、どのような意味があるのか。色々と尋《たず》ねてきましたが、その答えについてはどうでしょうか。

弁慶　九字真言の意味という大きな問題は、修行を極《きわ》めたものだけに語られる深い秘密《ひみつ》であって、軽々《かるがる》しくは語りにくいことではありますが、われわれが偽《にせ》山伏ではないかという疑念《ぎねん》を晴らすために説明してお聞かせ申しあげましょう。九字真言というのは、つまり「臨兵闘者皆陣列在前《りんぴょうとうしゃかいじんれつざいぜん》」の九文字のこと。まさに今、九字を切ろうとするときは、まず正しい姿勢《しせい》で立って、歯と歯を叩《たた》き合わせること三六回。次に右の親指を使って縦《たて》に四本線を描《えが》き、そのあと五本、縦の線を描く。そして九字真言を唱え、「急々如律令《きゅうきゅうにょりつりょう》」という呪文《じゅもん》を唱えるときは、九字真言の効果によって、あらゆる死者の霊《れい》、煩悩《ぼんのう》に取り付かれた鬼《おに》、また、仏法に対立する魔物《まもの》、邪教《じゃきょう》の魔物、死霊《しりょう》、生霊《いきりょう》、すべてがあっと言う間に滅《ほろ》びるのは、霜《しも》に熱《あつ》い煮《に》え湯を注ぐと溶けてしまうようなものです。それらの鬼たちの大元《だいもと》である無知《むち》や煩悩を切って悟《さと》りを開かせ、成仏《じょうぶつ》させるというすばらしい剣《つるぎ》です。中国の故事《こじ》にある名剣《めいけん》である莫耶《ばくや》の剣《つるぎ》も、この九字真言という剣に比べたらどうしてこれに勝《まさ》ることがあるでしょうか。九字真言のほうが上です。このようにすべて説明し申し上げましたが、まだこの上にも自分たちが本物であるかどうか疑いがあるのなら、質問に応じてお答え申し上げましょう。ですが、その修験道の道は広大で無限大《むげんだい》であり、語《かた》り尽くせるようなものではありません。お教えした内容は、肝《きも》に彫《ほ》りつけてしっかり覚え、しかし軽々《かるがる》しく人に語る内容ではないので、自分の内に秘《ひ》めて人には決して語って下さいますな。畏《おそ》れ多いことです。大日本の天《あま》つ神《かみ》と地《ち》の祇《かみ》、そして諸仏菩薩《しょぶつぼさつ》もわたくしの言動《げんどう》に嘘偽《うそいつわ》りがないことをご覧《らん》あれ。百度拝《おが》み、頭を下げて、畏《おそ》れながら謹《つつし》んで申し上げることは、以上の通りです。

〽感心してぞ、見えにける
（関守《せきもり》の富樫は感心した様子《ようす》に見えたのであった）

富樫　このような立派《りっぱ》な、敬《うやま》うべき旅の僧を疑ったのは間違《まちが》いであった。今後、私は勧進を施《ほどこ》す役目につこうと思う。（家来《けらい》に向かって）それ、お布施《ふせ》の品物を持ってきなさい。

番卒　ははぁ。

〽士卒《しそつ》が運ぶ広台《ひろだい》に、白綾袴《しらあやはかま》ひと重《かさ》ね。加賀絹《かがぎぬ》あまた取り揃《そろ》え、御前《ごぜん》へこそは直《なお》しけれ
（家来の兵隊たちが運ぶ広台の上には、白綾の立派な袴が一着、その他の台には土地の名産《めいさん》である加賀絹《きぬ》を沢山《たくさん》揃えて、富樫の前に並べたのであった）

富樫　近頃の風潮《ふうちょう》からすると僅《わず》かな布施物ではございますが、寄付することがわたくしの功徳《くどく》になります。なにとぞお受け取りくだされればありがたいことです。ひとえにお願い申し上げます。

弁慶　これは、有難《ありがた》い大檀那様《おおだんなさま》でありますことか。現世《げんせ》、来世《らいせ》の二世は安楽であることに何の疑いがありましょうか。さらに申し上げることがございます。この後《のち》、われわれは近くの国々で寄付を勧《すす》めて回り、三

月の中旬に都《みやこ》に上《のぼ》るつもりです。それまではかさばる品々はこのままお預《あず》け申し上げます。では、みなさん、許可が出たので関所をお通り下さい。

四天王　わかりました。

弁慶　さあさあ、急いでください。

四天王　承知いたしました。

〽こは嬉《うれ》しやと山伏も、しずしず立って、歩まれけり

（これはうれしいことだと、山伏たちもそろそろと立ってお歩きになった）

富樫　ちょっと待て、そこにいる強力《ごうりき》、止まりなさい。

〽すわや、わが君をあやしむるは、一期《いちご》の浮沈《ふちん》ここなりと、おのおの後《あと》に立ち帰る

（さあ大変だ。関守《せきもり》が自分の主君を疑《うたが》っているのは一大事だ。この一生の成否《せいひ》はここであると思って、家来たちはそれぞれ義経を守るために後ろに立ち戻る）

弁慶　ああ、おい、しばらく待て。あわててやり損《そこな》ってはならない。おい、この強力め、何で関所を通って先に進まないのだ。

富樫　その者は、こちらが引きとめました。
弁慶　それはどういう理由でお引きとめになったのですか。
富樫　あの強力が、ある人に似ていると言う者がおりますので、今、引きとめました。
弁慶　何ですと、人が人に似ているというのは、珍しくもないことをおっしゃるものです。この強力は誰《だれ》に似ているのですか。
富樫　判官殿（九郎判官義経様《くろうほうがんよしつね》）に似ていると言う者がおりますので、本物かどうか判断がつくまでの間、引きとめ申し上げました。
弁慶　何だと、義経様に似た強力とは。そんな高貴《こうき》な方に似ていると言われるとは、一生の思い出だな。日がまだ高いようなら、今日のうちに能登国《のとのくに》まで山を越せるだろうと思っていたのに、このようなことで予定通りに進めないのは腹が立つことだ。小さい笈《おい》を一つ背負《せお》っているだけなのに、遅《おく》れて歩いているものだから怪《あや》しまれるのだ。大体、少し前から義経様一行ではないのかと怪しまれるのは、貴様《きさま》の仕事ぶりが悪いからだ。色々思うとお前が憎らしい。思い知らせてやろう。
〽金剛杖をおっ取って、散々《さんざん》に打擲《ちょうちゃく》す
（金剛杖をひっつかんで、散々に強力を打ちのめす）
弁慶　通れ。

〽通れとこそは、ののしりぬ

（さっさと関所を通れと、強力のことをののしった）

富樫　どんな言い方をしても、その強力を通すことは、

番卒　許されない。

弁慶　おい、強力の背中の荷物に目をつけるとは、お前達は盗人《ぬすっと》なのか。

（ここで家来の四天王たちが立ち上がり、富樫に詰《つ》め寄ろうとするので、弁慶が止めに入る。一方で関所の番兵たちも立ち上がり、刀を抜《ぬ》こうとしてお互いににらみ合います。）

弁慶　こら、待て。

〽かたがたは、何ゆえにかほど賎《いや》しき強力に、太刀刀《たちかたな》を抜き給《たま》ふは、目垂れ顔《めだれがお》の振舞《ふるま》か。臆病《おくびょう》の至《いた》りかと。みな山伏は打刀《うちかたな》抜きかけて。勇みかかれる有様《ありさま》は、いかなる天魔鬼神《てんまおにかみ》も、恐《おそ》れつべうぞ見えにける

（あなた方はなぜ、このように身分が低くて取るに足らないような強力を相手に、太刀や刀をお抜きになって脅《おど》すのか。弱いものいじめを楽しんで笑うような卑怯《ひきょう》な振《ふ》る舞《ま》いをするのか。臆病《おくびょう》であることを表しているのか。山伏たちがみな、腰《こし》に帯《お》びた刀を抜きかけて相手に斬りかかろうとするその荒々しい有様《ありさま》は、どのような天魔や鬼神であっても、恐れるように見えました）

弁慶　まだこの上にもわれわれに対するお疑いがおありでしたら、この強力の持っている荷物である布施の品物と一緒に、すべてそちらにお預《あず》けいたします。取り調べて正体《しょうたい》を究明《きゅうめい》して下さい。それとも今ここで、打ち殺して見せましょうか。

富樫　いや、それは乱暴《らんぼう》すぎる行いである。

弁慶　それなら、この男へのお疑いの理由とは。

富樫　部下の者の訴《うった》えがあったのです。

弁慶　おお、ならば疑念晴《ぎねんは》らしに、こいつを打ち殺して見せましょう。

富樫　いや、早まったことをなさるな。部下たちの思い込みから、義経様でもない人を疑ってしまったばかりに、あなたはこのように叩《たた》いて罰《ばつ》をお与えになったのでしょうから……。私が間違《まちが》っていました。疑いは晴れました。早くその強力を連れて関所をお通り下さい。

弁慶　（義経に向かって）大檀那《おおだんな》の許せとのお言葉がなかったら、お前のことは打ち殺して捨ててしまうだろうところだ。神仏《しんぶつ》の加護《かご》にかなって命が守られているのだ。これからは失敗《しっぱい》がないように気をつけてもらいたい。

富樫　私はこれより、関所を厳《きび》しく警護《けいご》する役目を果たします。みなさん、来なさい。

番卒　ははあ。

〽士卒《しそつ》を引き連れ、関守は門の内へぞ入《い》りにける

（番兵たちを引き連《つ》れて、関守は関所の門の中へと入っていった）

（富樫と番兵たちはここで退場《たいじょう》します。そして弁慶とその一行《いっこう》は舞台《ぶたい》を一周し、義経を上座《かみざ》にする形で座《すわ》ります。場面が変わり、関所から少し離れた山の中が舞台です。）

義経　とにもかくにも、今日の弁慶の機転《きてん》のきいた行動は凡人《ぼんじん》の考えの及ぶものではない。あれこれと細《こま》かいことを気にかけず、ただ、身分の低い召使《めしつか》いのように私を打って関守《せきもり》を騙《だま》して助けてくれたのはまさに天の加護《かご》である。

四天王　このわたくし常陸坊《ひたちぼう》をはじめとして、従う者どもはみな、義経様が関守に呼びとめられたそのときには、主君の危機であり、お助けしなければと思いましたが、本当にこれは源氏一族の氏神《うじがみ》である正八幡大菩薩《しょうはちまんだいぼさつ》がわが主君をお守り下さっているありがたい証拠《しょうこ》です。陸奥《むつ》へもすぐに行き着くことができるであろうと大変に驚《おどろ》いております。

弁慶　今の時代は末世《まっせ》に至っていると思われるが、われわれを助けてくれる日や月は、いまだに地にお落ちになってはいない。このご幸運はありがたいことだ。計略《けいりゃく》であったとは申しながら、まさに自分の主君である方を打ち叩《たた》くとは、自分に降《ふ》りかかるであろう天罰《てんばつ》がなんとも恐《おそ》ろしく、千鈞《せんきん》の重さでも持ち上げるような大力《だいぢから》なわたくしですが、金剛杖を持つ腕《うで》がしびれて動かないように思えました。

〽ついに泣かぬ弁慶の、一期《いちご》の涙《なみだ》ぞ殊勝《しゅしょう》なる。判官、おん手を取り給《たま》い

（絶対に泣かない弁慶の、一生に一度の涙はけなげなことだ。義経様は弁慶の手をお取りになり）

義経　この義経は弓や馬を操《あやつ》る者である武士の家に生まれてきたのに、どんな理由があって、このように武運《ぶうん》がないのか。自分の命は兄の頼朝に差し上げたつもりで一生懸命《いっしょうけんめい》戦い、相手であった平家《へいけ》のしかばねはすべて西国《さいごく》（九州）の海に沈め……、

弁慶　山や野、海岸に寝ては起き、夜を明かす武士の暮らしの……。

〽鎧《よろい》に沿いし袖枕《そでまくら》。片敷《かたじ》く隙《ひま》も波の上。あるときは舟にうかび、風波《ふうは》に身を任せ。またあるときは山脊《さんせき》の、馬蹄《ばてい》も見えぬ雪の中に、海少しある夕波の立ちくる音や、須磨明石《すまあかし》。とかく三年《みとせ》の程《ほど》も、なくなく、いたわしやとしおれかかりし鬼《おに》あざみ。露《つゆ》に霜《しも》おくばかりなり

（武士が鎧《よろい》とともに身につけていた着物の袖。その袖を枕にして、充分な寝具《しんぐ》もなく落ち着かなく波の上で眠《ねむ》る。あるときは舟に乗って浮かび、風や波に逆《さか》らわず。またあるときは、山の尾根《おね》沿いの馬の足跡《あしあと》も見えないような深い雪の中を進んで山を越え、雪山の中に海が少し見え、夕方になって波が高くなりはじめる音が聞こえるのが須磨《すま》と明石《あかし》の海だ。このように流浪《るろう》の身になって三年、思えば義経様の身の上は痛《いた》ましいことであると元気のない様子《ようす》は、鬼あざみの上に露が降りてぐったりし、その上にまた霜が降ってさらにしおれているような有様《ありさま》である）

弁慶　さあ、急いで退散《たいさん》しましょう。

〽互いに袖を引きつれて、いざ立て給《たま》えの折からに

（お互いに袖を引っ張りあって、さあご出発くださいと申し上げている、まさにそのとき）

富樫　もしもし旅の僧たち、少しお待ち下さい。

（富樫左衛門が家来を引き連《つ》れて再《ふた》び登場する。）

富樫　先ほど、あまりに失礼なことを申し上げたので、つまらない酒ではありますが、一杯《いっぱい》差し上げようと酒を持ってやってきました。さあさあ、酒をついで差し上げましょう。

弁慶　おお、なんとありがたい大檀那様であろうか。ありがたく頂戴《ちょうだい》いたします。

〽げにげに、これも心得《こころえ》たり。人の情《なさけ》の杯《さかずき》を、受けて心をとどむとかや。今は昔の語り草。あら恥《は》ずかしのわが心。一度まみえし女さえ、迷《まよ》いの道の関越《せきこ》えて、今またここに越えかぬる。人目《ひとめ》の関のやるせなや。ああ悟《さと》られぬこそ浮世《うきよ》なれ。おもしろや山水《やまみず》に。おもしろや山水に。盃《さかずき》を浮かべては、流《りゅう》に引かるる曲水《きょくすい》の、手まずさへぎる袖ふれて、いざや舞《まい》を舞はうよ

（ああまさに、これも人の心をよくわかっている。人が情けをこめてさす杯を受けて、その心を慕《した》わしく思って相手に心をとどめるというではないか。それは昔からの言い伝えである。そんなことも忘れていたと

は自分の心が恥ずかしく思える。一度会っただけの女でさえ相手に心が残れば、道に迷いながらも通りにくい関所を越えても相手に会いに行く。人目が気になって自由に行動できないという関所はどうしようもない。ああ、悟りを開けない自分は、つらい浮世そのものである。楽しいことだな山の清流《せいりゅう》に。楽しいことだな山の清流に、盃《さかずき》を浮かべては、その流れの勢いに引かれて盃《さかずき》が流れていく「曲水の宴《えん》」を思わせる。流れる盃《さかずき》を止めようと手をかざして袖がふれる。さあ、舞《まい》を舞いましょう）

弁慶　先導者《せんどうしゃ》であるわたくしが、お酌《しゃく》をしにまいってございます。

富樫　先導者さん、ひとさしお舞い下さい。

弁慶　〽万歳《ばんぜい》ましませ巌《いわお》の上。万歳ましませ巌の上。亀《かめ》は棲《す》むなり。ありうどんどう（万年《まんねん》もお生きになりますように大きな岩の上に、万年もお生きになりますように大きな岩の上に。万年生きるという亀が棲んでいるそうで、おめでたいことだ。ありうどんどう）。

〽もとより弁慶は、三塔《さんとう》の遊僧《ゆうそう》。舞、延年《えんねん》のときの若稚児

（もともと弁慶は子どものときは三塔（比叡山延暦寺《ひえいざんえんりゃくじ》）にいて、儀式《ぎしき》のときに舞を舞う僧だったのだ。延年の舞を舞うときの若稚児《わかちご》であった）

弁慶　〽これなる、山水《やまみず》の落ちて巌に響《ひび》くこそ（ここを流れる山の清流が落ちて下の大岩にその音が響く、その音こそ）。

〽これなる山水の落ちて巌に響くこそ。鳴《な》るは瀧《たき》の水、鳴るは瀧の水。日は照《て》るとも絶《た》えず。とうたり。とくとく立てや。手束弓《たつかゆみ》の心許《こころゆる》すな。関守の人々。暇申《いとま》してさらばよとて。笈《おい》をおっ取り。肩に打ち懸《か》け。虎《とら》の尾を踏《ふ》み、毒蛇《どくじゃ》の口をのがれたる心地して、陸奥《むつ》の国へぞ下《くだ》りける

（ここを流れる山の清流が落ちて下の大岩にその音が響く、その大きな音で鳴るのは滝の水だ。鳴るのは滝の水だ。日が照って暑いつらい日が続いても、この流れは絶えない。さあ、急いで立つのだ。手束弓を持つ関守といえば、通るのを許すものではないが、警護《けいご》して心を許さないようにしなさい関守のみなさん。それではと、退出《たいしゅつ》の挨拶《あいさつ》をして、さらばよと言って、山伏たちは肩《かた》の荷物を急いで持って肩にかけ、虎の尾を踏んだり、毒蛇にかまれそうになって、九死《きゅうし》に一生《いっしょう》を得た思いをしつつ、一行は陸奥の国へと下っていった）

（弁慶は歌に合わせ、酔《よ》った振《ふ》りをして舞い踊り、一行に逃げ進むように合図《あいず》をします。それを受けて一行は準備をし、順に花道《はなみち》を引っ込んでいきます。弁慶が最後に花道へ進むと、一行が無事《ぶじ》に逃げたか山道を眺《なが》め、仲間が無事であることを知ると、一旦《いったん》、舞台を振りむき、既《すで》に姿は見えないものの富樫に深く一礼《いちれい》をし、「飛び六法《ろっぽう》」を踏み、そのあとを飛ぶように一行を追いかけていきます。）

●作品の背景●

作詞は三世並木五瓶《なみきごへい》、作曲は四世杵屋六三郎《きねやろくさぶろう》で、天保《てんぽう》十一年（一八四〇）に五代目市川海老蔵《いちかわえびぞう》（七代目團《だん》十郎《じゅうろう》）により江戸の河原崎座《かわらざきざ》で初演《しょえん》されました。

能の『安宅《あたか》』を原作とした「松羽目物《まつばめもの》」（巻頭の「この本を読む前に」参照）の代表作です。松羽目物とは能・狂言の曲目を原作とし、それらに近い様式《ようしき》で、歌舞伎や日本舞踊《ぶよう》を上演することで、他に『船弁慶《ふなべんけい》』や『土蜘蛛《つちぐも》』といった演目もあります。

舞台上では、弁慶が富樫に乞《こ》われて舞う「延年《えんねん》の舞《まい》」、そして幕切れに弁慶が見せる「飛び六方」といった見どころも多いので、是非、舞台で演じられる「勧進帳」も観劇して下さい。

歴代の團十郎をはじめ、松本白鸚《まつもとはくおう》、松本幸四郎《まつもとこうしろう》といった役者による弁慶の名演が知られています。

知っておきたい用語集

安宅関《あたかのせき》　石川県小松市安宅町の梯川河口《かけはしがわかこう》にあったとされる関所《せきしょ》。

山伏《やまぶし》　**→修験者《しゅげんじゃ》**　修験道の行者《ぎょうじゃ》。多くは髪《かみ》を剃《そ》らず、半僧《はんそう》半俗《はんぞく》の姿に兜巾《ときん》をいただき、篠懸《すずかけ》、結《ゆ》い袈裟《けさ》を掛け、笈《おい》を背負い、念珠《ねんじゅ》や法螺《ほら》を持ち、脛巾《はばき》をつけ、錫杖《しゃくじょう》や金剛杖《こんごうづえ》を突《つ》いて山野を巡《めぐ》る。

関守《せきもり》　関を守る役人。関所の番人。

篠懸《すずかけ》　修験道の行者《ぎょうじゃ》である山伏が衣《ころも》の上に着る麻の法衣《ほうえ》。鈴掛とも書く。

篠《しの》　篠竹《しのだけ》。群れて生えるタケ、ササのこと。

陸奥《むつ》　磐城《いわき》、岩代《いわしろ》、陸前、陸中、陸奥《むつ》の五か国の古い名前。今の福島、宮城、岩手、青森の四県にほぼ相当する地域。みちのく。

判官《はんがん》　律令制《りつりょうせい》で、四等官《しとうかん》の第三位にあたり、庁内の取り締まりや主典《さかん》（四等官の最下位の職名）のつくる文案の審査、宿直《しゅくちょく》の割り当てなどをつかさどった者。ここでは源義経《みなもとのよしつね》の通称。

強力《ごうりき》　修験者に従って荷物を運ぶ下男《げなん》。

四天王《してんのう》　元々、仏教の世界観を示す際に記述される四《し》鬼神《きしん》である、東の持国天《じこくてん》、南の増長天《ぞうちょうてん》、西の広目天《こうもくてん》、北の多聞天《たもんてん》（毘沙門天《びしゃもんてん》）を指すが、それが転じて、ある部門や臣下《しんか》・弟子《でし》などの中で、最も優れている四人の称。

袈裟《けさ》　仏教の僧侶のまとう衣の一つ。

兜巾《ときん》　修験道の山伏がかぶる、小さな布製の頭巾《ずきん》。紐《ひも》で下あごに結びとめる。頭巾。

笈《おい》　修験者などが、仏具や衣服、食器などを収めて背に負う箱。

成敗《せいばい》　打ち首にすること。

修験道《しゅげんどう》　日本古来の山岳信仰と仏教の密教《みっきょう》、道教《どうきょう》などが結びついて平安末期《まっき》に成立した宗教。役《えん》の行者《ぎょうじゃ》を初《しょ》祖《そ》とする。霊験《れいけん》を得るための山中の修行と加持祈禱《かじきとう》（神仏に対し病気が治《なお》ることや災《わざわ》いを防ぎ、取り除くよう祈ること）、呪術《じゅじゅつ》（神秘の力を頼って望みのことを生じさせること。まじない、魔術）、儀礼《ぎれい》を主とする。

涅槃《ねはん》　あらゆる煩悩《ぼんのう》（欲望、怒り、こだわり、見栄《みえ》など苦しみのもととなる心の状態）が消滅《しょうめつ》し、苦しみを離れた安らぎの境地《きょうち》。究極《きゅうきょく》の理想の境地。悟《さと》りの世界。死ぬこと。

勅命《ちょくめい》　天皇の命令。みことのり。

利剣《りけん》　鋭利《えいり》な剣《つるぎ》。よく切れる刀剣《とうけん》。煩悩《ぼんのう》や邪悪《じゃあく》なものを打ち破る仏法や智慧《ちえ》のこと。

錫杖《しゃくじょう》　僧侶や修験者が持ち歩く杖《つえ》。頭部は塔婆形《とうばがた》（釈迦《しゃか》の遺骨《いこつ》を納めた五輪《ごりん》の塔）で数個の環がかけてあり、振ったり地面を強く突いたりして鳴《な》らす。

陰鬼《いんき》　死者の霊魂《れいこん》、亡霊《ぼうれい》、幽霊。

陽魔《ようま》　仏語《ぶつご》で肉体を持たないこと、形をとらないこと、見ることができないこと。また、そのものやそのさま。無行《むぎょう》。

九字真言《くじしんごん》

→九字　修験者《しゅげんじゃ》などが、災害を払う護身《ごしん》のまじないとして唱《とな》えた九文字の文句。臨《りん》、兵《ぴょう》、闘《とう》、者《しゃ》、皆《かい》、陣《じん》、列《れつ》、在《ざい》、前《ぜん》の九個の字をいい、一種の呪句《じゅく》で、これを唱えつつ縦《たて》四本、横五本の線を空中に描《えが》けば、災いが除かれ幸福を得るという。

輪廻《りんね》　生ある者が迷妄《めいもう》に満ちた生死を絶え間《たま》なく繰り返すこと。生まれ変わり、死に変わりすること。

脛巾《はばき》　脚半《きゃはん》（脛《すね》に巻く布）に似た脛《すね》当て。

阿吽《あうん》　密教《みっきょう》で宇宙の初めと究極《きゅうきょく》。万物《ばんぶつ》の根元と宇宙が最終的に具現《ぐげん》する智徳《ちとく》。悟《さと》りを求める菩提心《ぼだいしん》と到達する涅槃《ねはん》。吐く息と吸う息。呼吸。対立する二つのもの。

天《あま》**つ神と地の祇**《かみ》

→天神地祇《てんじんちぎ》　天つ神と国つ神。すべての神々。

布施《ふせ》　僧に読経《どきょう》などの謝礼《しゃれい》としてわたす金銭や品物。

白綾袴《しらあやばかま》　白地の綾織物《あやおりもの》（いろいろな模様《もよう》を浮き出すように織《お》った織物）でつくられた袴。

檀那《だんな》　ほどこし。布施《ふせ》。転じて、布施をする人。

恐れつべうぞ

→恐れつべくぞ　きっと恐れるだろう。

千鈞《せんきん》　非常に重いこと。また、価値の高いこと。

手束弓《たつかゆみ》　手に握《にぎ》り持つ弓。

飛《と》**び六法**《ろっぽう》　歌舞伎の六方《ろっぽう》の一つで、両足を交互《こうご》に、はずませて飛ぶように踏《ふ》む六方（手足と体を十分に振《ふ》り、誇《こ》張《ちょう》した動作で歩くこと）。

歌舞伎

時代物

復習・仇討

楼門五三桐

〈さんもんごさんのきり〉

●作品のポイント●

歌舞伎は、テレビや映画といった娯楽《ごらく》のなかった江戸時代には、江戸の町で暮らす人々にとって、大人気のエンターテインメントでした。

ここで紹介する「南禅寺山門《なんぜんじさんもん》の場」は「絶景《ぜっけい》かな、絶景かな」というセリフが有名であるのとともに、石川五右衛門《ごえもん》が乗る豪華絢爛《ごうかけんらん》な山門《さんもん》がせり上がってくる舞台装置《そうち》など、見どころが多いことから、特に人気の高い狂言《きょうげん》です。

描《えが》かれる舞台《ぶたい》は桜の花が満開《まんかい》の春です。登場する真柴久吉《ましばひさきち》や武智光秀《たけちみつひで》は、実在した豊臣秀吉《とよとみひでよし》と明智光秀《あけちみつひで》をモデルにしています。というのも、当時は幕府《ばくふ》への批判《ひはん》にも繋《つな》がることから、権力者《けんりょくしゃ》や武士《ぶし》に関係した事件などを、そのまま芝居《しばい》の題材にすることが厳《きび》しく禁じられていました。そこで登場人物《とうじょうじんぶつ》の名前を少しだけ変え、また時代設定《じだいせってい》を変えたりするなどの演出《えんしゅつ》で演じられました。そして芝居を観る人たちは、その芝居で扱われている事件が何か、そして登場人物が誰《だれ》であるのかを知った上で、舞台を楽しんだ訳です。

【本　題】

本舞台には、桜の盛《さか》りの頃の仏堂《ぶつどう》伽藍《がらん》を描《えが》いた道具幕《どうぐまく》に、舞台の上下《かみしも》には桜の張物《はりもの》が置かれています。南禅寺《なんぜんじ》境内《けいだい》を表した舞台は、禅《ぜん》の勤《つと》めによって幕《まく》が開きます。すると、野半纏《のばんてん》に股引《ももひき》、大小を腰に差し、わらじ履《ば》きの深井与九郎《ふかいよくろう》が、黒四天《くろよてん》の捕《と》り手二人を引き連《つ》れて、さらに同宿《どうしゅく》二人が付き添って舞台に登場します。

深井　これ、その方《ほう》は当院内の所化《しょけ》であるか。

同宿一　さようにございます。私はツン典《てん》、

同宿二　珍頓《ちんとん》と申します。

両人　所化どもにございます。

深井　三味線《しゃみせん》のような名前であるな。お触《ふ》れについてこれより申し上げるのでお聞きなさい。このほど石川五右衛門《ごえもん》という盗賊《とうぞく》が、五畿七道《ごきしちどう》を徘徊《はいかい》し、貴人高家《きじんこうけ》へ忍《しの》び入り、衣類器物《いるいきぶつ》に目を掛《か》けず、ただ金銀のみ奪《うば》い取るのは、ただの盗人《ぬすっと》ではない。察《さっ》するところ、先に滅《ほろ》びたる宋曽卿《そうそけい》の残党《ざんとう》であるか、または武智・柴田の残党であって、謀反《むほん》の企《くわだ》てをしており、軍用金《ぐんようきん》を集めるためであろう。何にしても、油断《ゆだん》のできないこの時節《じせつ》である。もし当院内に入り込《こ》んだならば、早鐘《はやがね》を鳴らして合図《あいず》をせよ。早速《さっそく》、私は……参らぬが、この者どもを遣《つか》わそう。

捕《とり》一　もしもしお頭様《かしらさま》。その五右衛門というのは有名な曲者《くせもの》。

捕二　なかなかどうして、われわれの腕前《うでまえ》では召《め》し捕《と》ることはできません。
深井　たわけ者。たかが盗賊《とうぞく》の首領《しゅりょう》、たいしたことはあるまい。
捕一　それであるなら、あなた様が一人でからめ捕り、
捕二　高名手柄《こうめいてがら》とすればよろしいかと。
深井　それは言うまでもなく、簡単《かんたん》なことであるが、身どもはふぐ汁《じる》と盗賊は一生の断《た》ち物であるのだ。
両人　何をおっしゃいますやら。
深井　まだ申さねばならないことがある。その五右衛門をからめ捕れば、莫大《ばくだい》なご褒美《ほうび》を下さるぞ。
両人　それはありがとうございます。
深井　これ、ただ貰《もら》ってはならないぞ。この洛中洛外《らくちゅうらくがい》は、この深井与九郎がこのように日夜歩き回っておるのだから、たとえ誰《だれ》が召し捕ったとしても、褒美の金は山分《やまわ》けだぞ。
両人　はい、よろしゅうございます。
深井　よいか、よいな。しっかりと申したぞ。家来《けらい》ども、参れ。
（全員が上手《かみて》へ入っていき、幕が閉まる。）

〽それ緑林白浪《りょくりんはくろう》の、堅《かた》き言《こと》の葉《は》和らげて、昼を夜なる歓楽《かんらく》は、盧生《ろせい》が夢のそれならで、瑞竜山《ずいりゅうさん》の楼門《さんもん》に、暫《しば》し栄花《えいが》の夢見草《ゆめみぐさ》、翠《みどり》の林色《りんしょく》まして、春の詠《なが》めや勝《まさ》るらん

（浅葱《あさぎ》の幕が切って落とされると、そこは都《みやこ》を一望《いちぼう》できる南禅寺山門の楼上《さんじょう》です。山門の左右《さゆう》は、一面、

桜の盛りで、高欄《こうらん》の中央には石川五右衛門が大百日鬘《だいひゃくにちかつら》に金襴《きんらん》の褞袍《どてら》を着て、煙管《きせる》を吹《ふ》かしながら、満開の桜を眺《なが》めています。山門の大道具《おおどうぐ》がせり上がると、）

五右衛門　絶景《ぜっけい》かな、絶景かな。春の眺めは値千金《あたいせんきん》とは、小《ちい》せえ小せえ、この五右衛門が目からは、値《あたい》万両《まんりょう》、万々両。日もはや西山《せいざん》に傾《かたむ》きて、雲と棚引《たなび》く桜花《さくらばな》、茜輝《あかねかがや》くこの風情《ふぜい》、誠《まこと》に春の夕暮《ゆうぐれ》の桜は、とりわけ一入《ひとしお》一入。ハテ、麗《うら》らかな、眺めじゃなア。

（そこへ片袖《かたそで》を掴《つか》んだ鷹《たか》が飛んで来て、目の前の高欄に止まるのを見て、）

五右衛門　ハテ、心得《こころえ》ぬ。われを恐《おそ》れず、この鷹が羽《はね》を休むるは。

（煙管を放ると、鷹がこれに驚《おどろ》いて、片袖《かたそで》を置いて飛び去る。五右衛門は片袖を取り上げ見て、）

五右衛門　血汐《ちしお》をもって認《したた》めしこの片袖は。何々、大明《だいめい》十二代神宗皇帝《しんそうこうてい》の臣下《しんか》、宋蘇卿遺言《そうそけいゆいごん》のこと。神宗皇帝、この日《ひ》ノ本《もと》の幕下《まくした》につけんと、使節《しせつ》をもって願いしを、久吉《ひさきち》、使節を捕虜《ほりょ》となし、再《ふたた》び本国《ほんごく》へ帰さざりしゆえ、皇帝の無念散《むねんさん》ぜんため、われは子を乳人《にゅうじん》に託《たく》し、密《ひそ》かにこの土へ渡海《とかい》なし、箱崎《はこざき》の地に世を忍《しの》ぶうち、計《はか》らずも和国《わこく》の女にかたらい、男女二人を儲《もう》く。唐《とう》と和朝《わちょう》に三人のわが嫡子《ちゃくし》を世に立てんと、江北一株《こうほくひとかぶ》の枳《からたち》、江南二株《こうなんふたかぶ》の橘《たちばな》、すべて金錠《きんじょう》を掛《か》け、扶桑《ふそう》にはびこると、玄海《げんかい》が嶋《しま》に石碑《せきひ》を建てしをさとくも謀反《むほん》とさっし、真柴久吉がために相果《あいは》て終わんぬ。そのみぎり二人の男子は、母もろともに死を退《すさ》れ、もし天運《てんうん》つきず世を忍び、兄弟この土に存命《ぞんめい》なさば、わが筐《かたみ》に残せし、蘭奢待《らんじゃたい》と名づけし名香《めいこう》を証拠《しょうこ》に名乗《なの》り合い、父の怨敵《おんてき》、真柴久吉を討《う》ちとり、修羅《しゅら》の妄執《もうしゅう》はらさせくれ候《そうら》えかし。ム、、この遺言《ゆいごん》に記《しる》したる蘭奢待の名木所持《めいぼくしょじ》せしわれは、宗蘇卿が忘《わす》れ記念《がたみ》であったるか。われ、幼《おさな》きときより父母に別れ、いとけなきに孤児《こじ》となりしを、武智光秀殿の養育《よういく》に預《あず》かりしが、成長なして名も惟任左《これとうさ》馬五郎《まごろう》と呼ぶ。しかるに光秀どの、春永《しゅんえい》を討《う》ちとり、四海《しかい》を掌握《しょうあく》するといえど、はつか三日にして、久吉がために亡《ほろ》ぼされ、終《つい》に無念《むねん》の死をとげ給《たま》う。高恩《こうおん》請《う》けしわれなれば、光秀殿の弔《とむらい》い軍《いくさ》、真柴秀吉討ちとらんと、殉死《じゅんし》を止《とど》まり世を忍び、いま石川五右衛門と名乗る今の今まで、わが父はいずくの誰と白浪《しらなみ》の、強悪非道《きょうあくひどう》の身ながらも、明暮《あかしくらす》心に掛かりし素性《すじょう》も、この遺書《いしょ》にてわが父は、宗蘇卿としれたる上は、養《よう》父《ふ》といい実父《じっぷ》といい、久吉がために無念の最期《さいご》、鷹《たか》のしらせは親子の導引《みちびき》、思えば蘭奢の名香も、死後の筐《かたみ》となったるか。遺恨重《いこんかさ》なる真柴久吉、たとえこの身は油で煮《に》られ、肉はとろけ骨はししびしおになるとても、父の怨敵《おんてき》、今にぞ思いしらせてくれん。

(高欄《こうらん》へ足を踏みかけ、キッと見得《みえ》。これをきっかけに鳴り物になり、道具がせりあがる。そこへ真柴久吉が巡礼《じゅんれい》の拵《こしら》えで登場。前に置かれる手水鉢《ちょうずばち》までやってくると、山門《さんもん》を見上げ、)

久吉　石川や浜の真砂《まさご》は尽《つ》きるとも 世に盗人《ぬすびと》の種《たね》は尽きまじ

五右衛門　なんと。

(高欄に足を踏みかけ、見得《みえ》をする。)

久吉　巡礼に、

(五右衛門が小柄《こづか》を打ち投げると、久吉がひしゃくでそれを受け止める。)

久吉　ご報謝《ほうしゃ》。

(五右衛門は下をにらみ、久吉が上をにらみ返す。)

●作品の背景●

現在では『楼門五三桐』と記されることが多いですが、元々は『金門《きんもん》五三桐』と言われる、初代並木《なみき》五瓶《ごへい》の作で、安永《あんえい》七年（一七七八）四月に初演された五幕の通し狂言《きょうげん》です。このうち、二幕目の返し（幕を引かずに明るいままで舞台を転換すること）にあたる「大炊之助館《おおいのすけやかた》の場」に、「南禅寺山門の場」という短い幕があり、それが歌舞伎の演目として独立したものが、ここで紹介した名場面です。

そして、寛政《かんせい》十二年（一八〇〇）に江戸で初演された際に、五右衛門が住んだとされる南禅寺の山門を示す『楼門五三桐』という題名になりました。元々の演題にある「金門」とは「金を使った紋《もん》」のことで、「五三桐」は豊臣家《とよとみけ》の紋を指しています。

日本各地で盗みをはたらき、最後には豊臣秀吉《とよとみひでよし》の命《めい》によって、釜茹《かまゆ》での刑にされたとされる、有名な泥棒・石川五右衛門が主人公となる話ですが、その五右衛門は文禄《ぶんろく》・慶長《けいちょう》の役《えき》の復讐《ふくしゅう》を企《くわだ》てる明国《みんこく》の高官・宋曾卿《そうそけい》（宋素卿がモデル）の遺児《いじ》であり、また自分を育ててくれた養父《ようふ》・武智光秀《たけちみつひで》（明智光秀《あけちみつひで》がモデル）の仇《かたき》を討《う》とうと、当時の権力者である真柴久吉《ましばひさきち》（羽柴秀吉《はしばひでよし》がモデル）の命を狙《ねら》うといった時代物です。

そして、追手《おって》に追われる五右衛門が、京都南禅寺の山門の上で、夕暮れ時に満開の桜の花を眺《なが》めながら語る有名なセリフが「絶景《ぜっけい》かな、絶景かな」というものです。大泥棒《おおどろぼう》とは言え、金持ちの家から財宝《ざいほう》を盗むあざやかな手口《てぐち》と、父の仇《あだ》を討つために、当時の権力者の命を狙うというストーリーが人気を呼びました。

今でも演じられることの多い狂言《きょうげん》で、通称「山門」の場で、この五右衛門と久吉を演じる俳優は、その時代を代表する大役者《おおやくしゃ》が務《つと》めることになっています。

知っておきたい用語集

伽藍《がらん》　僧が集まり住んで仏道を修行《しゅぎょう》する、清浄閑静《せいじょうかんせい》な場所。また、大きな寺院の建物。

張物《はりもの》　歌舞伎の大道具で、木や竹を組んで紙や布を張り、岩石や樹木などの形にしたもの。

南禅寺《なんぜんじ》　京都府京都市左京区にある寺院で、臨済《りんざい》宗《しゅう》南禅寺派大本山。瑞龍山大平興国《ずいりゅうざんたいへいこうこく》南禅禅寺。京都五《ご》山《ざん》、鎌倉五山の上位に列せられる別格本山《べっかくほんざん》で、正応《しょうおう》四年（一二九一）開山。

四天《よてん》　黄檗宗《おうばくしゅう》の僧が用いる衣服で、袖《そで》が広く腰のあたりで四つに裂《さ》けたように仕立てたもの。歌舞伎では動きの激しい役や盗賊《とうぞく》などが着用し、ここではそれに似た衣《い》装《しょう》を着た捕《と》り手を指している。

同宿《どうしゅく》　同じ寺に住み、同じ師について修行すること。また、その僧。

所化《しょけ》　仏や菩薩《ぼさつ》などから教化《きょうか》を受ける者。

五畿七道《ごきしちどう》　律令制《りつりょうせい》で定められた地方行政区画で、五畿（山城《やましろ》・大和《やまと》・河内《かわち》・和泉《いずみ》・摂津《せっつ》）と七道（東海道・東山《とうさん》道・北陸道・山陰道・山陽道・南海道・西海道《にしかいどう》）。また、日本全国の意味を指す。

宋蘇卿《そうそけい》　明国《みんこく》の高官とされる人物。中国の明代後期（日本では戦国時代中期）に日本を拠点《きょてん》に、日明貿易《にちみんぼうえき》で活躍した実在した宋素卿《そうそけい》（?～一五二五）がモデル。

謀反《むほん》　国家の転覆《てんぷく》をはかろうとする罪《つみ》。また、時の支配者にさからって兵を起こすこと。

断《た》ち物《もの》　神仏に願《がん》をかけ、願い事が成就《じょうじゅ》するまで、ある種の飲食物をとらないこと。塩断ち、茶断ちなど。

洛中洛外《らくちゅうらくがい》　京都の市中と郊外《こうがい》の総称。

盧生《ろせい》が夢

↓邯鄲《かんたん》の枕《まくら》　貧乏《びんぼう》で立身出世《りっしんしゅっせ》を望んでいた盧生《ろせい》という青年が、趙《ちょう》の都・邯鄲で呂翁《ろおう》という仙人《せんにん》から、栄華《えいが》が意のままになるという枕を借り、うたたねをしたところ、富《ふう》貴《き》をきわめた五十余年の夢を見たが、覚めてみると炊《た》きかけていた粟《あわ》がまだ煮《に》えないほどの短い間であったという、人生の栄枯盛衰《えいこせいすい》のはかないことのたとえ。盧生の夢。

浅葱《あさぎ》　薄い黄色。

高欄《こうらん》　宮殿や神殿などの廻りや、橋や廊下《ろうか》などの両側につけた欄干《らんかん》。勾欄とも書く。

百日鬘《ひゃくにちかつら》　歌舞伎で使用される鬘（扮装《ふんそう》用にかぶる人工の髪《かみ》）で、長い間、月代《さかやき》（剃《そ》り上げた額《ひたい》）を剃らないために、毛が伸び放題になった形のもの。盗賊《とうぞく》や囚人《しゅうじん》などの役《やく》に用いる。

金襴《きんらん》　繻子《しゅす》や紗《しゃ》といった地《じ》に、金箔《きんぱく》や金糸《きんし》などで紋様《もんよう》を織り出した美麗豪華《びれいごうか》な織物《おりもの》。

褞袍《どてら》　大きめにつくり、綿を厚く入れた広袖《ひろそで》の着物。防寒・寝具《しんぐ》用。主に男子が用いる。丹前《たんぜん》ともいう。

一入《ひとしお》　他の場合と比べて程度がいっそう増すさま。一《いち》段《だん》と。

神宗皇帝《しんそうこうてい》

↓神宗　一〇四八〜八五。中国、北宋の第六代皇帝。在位一〇六七〜八五。

幕下《まくした》　ここでは「将軍《しょうぐん》」の異称（別の呼び方）。

乳人《にゅうじん》

↓乳母《うば》（めのとども読む）　母親の代わりに乳児《にゅうじ》に授《じゅ》乳《にゅう》し養育《よういく》する女性。

箱崎《はこざき》　福岡県福岡市東区の地名。博多湾《はかたわん》に面し、古来、博多港と対する要港。

扶桑《ふそう》　古代、中国で日の出る東海の中にあるとされた神木《しんぼく》。また、それのある土地。転じて、日本の異称。

修羅《しゅら》**の妄執**《もうしゅう》　修羅道（仏教のいうあの世の一つで、争いの絶えない世界）におちた者が現世《げんせ》に抱《いだ》く執念《しゅうねん》。

名香《めいこう》　かおりがよく、名高い香。

ししびしお

↓肉醤《ししびしお》　魚や鳥（鶏）の肉でつくったひしお（味噌《みそ》や醤油《しょうゆ》の原形）。また、干《ほ》し肉を刻《きざ》み、麹《こうじ》と塩に漬《つ》け込《こ》んだもの。

見得《みえ》　歌舞伎の演技の一種で、演技者の感情が高潮《こうちょう》したときに、動きを停止させてポーズをとる方法。

巡礼《じゅんれい》　宗教上の目的から、聖地《せいち》や霊場《れいじょう》を巡拝《じゅんぱい》する旅により、信仰を深め、特別の恩寵《おんちょう》にあずかろうとすること。また、その人。

報謝《ほうしゃ》　恩に報い、徳に感謝すること。物を贈るなどして報いること。

歌舞伎

外郎売

〈ういろううり〉

●作品のポイント●

歌舞伎俳優や声を売り物にする声優《せいゆう》などにとって、日頃の発声練習は大切です。言葉を扱うアナウンサーも同様で、そうした職業にある人が研修で覚《おぼ》えさせられるのが、ここで紹介する「外郎売」です。

「ういろう」というと、名古屋名物として知られる、うるち米《まい》を用いた甘味を思い描くかも知れませんが、ここで登場するのは、室町時代に中国からもたらされた、主に痰切《たんき》りに効《き》くとされた丸薬《がんやく》のことです。

主人公である外郎売の正体《しょうたい》は、『助六由縁江戸桜《すけろくゆかりのえどざくら》』にも登場する、親の敵討《かたきう》ちで知られる曽我五郎《そがのごろう》で、外郎売りの扮装《ふんそう》をして妙薬《みょうやく》の由来《ゆらい》や効能《こうのう》を述べ立てます。本来は『若緑《わかみどり》　勢《いきおい》曾我《そが》』という作品の中の一場面ですが、ここでは有名な外郎売の口上のみを紹介します。

薬を売るための口上であり、みなさんの気を引き、より多く買って貰《もら》わなければならないので、巧《たく》みな言

歌舞伎十八番

兄弟

復讐・仇討

口上

葉遊び（掛《か》け言葉や語呂《ごろ》合わせ、縁語《えんご》など）を数多く用いて、それをリズミカルに聞かせています。そのあたりを意識しながら、みなさんもチャレンジしながら読んでみて下さい。

●作品の背景●

享保《きょうほう》三年（一七一八）の正月に、江戸の森田座で二世市川團十郎《いちかわだんじゅうろう》によって演じられた『若緑《わかみどり》勢《いきおい》曽我《そが》』が初演《しょえん》で、歌舞伎十八番の一つに数えられる演目です。大正十一年（一九二二）に市川三升《いちかわさんしょう》により復活上演された平山晋吉《ひらやましんきち》脚本《きゃくほん》によるものと、昭和六〇年（一九八五）に十二世市川團十郎が復活させた野口達二《のぐちたつじ》による脚本があり、現在は主に後者が上演されています。また口上《こうじょう》の内容は演者による漢字の読みなどによって異なることがあります。

『若緑勢曽我』の舞台は大磯《おおいそ》です。源頼朝《みなもとのよりとも》に富士の巻狩《まきがり》の総奉行《そうぶぎょう》を命じられた工藤祐経《くどうすけつね》が休息を取っていると、そこへ外郎売《ういろううり》がやって来たので、座興《ざきょう》にその言い立てを聞くことにします。口上を聞いて、それなら女性を口説《くど》くときに役立つのではと、薬を買って飲んでみますが、効《き》き目が現れません。すると外郎売りが「薬が効くまじないの手を打とう」と言いかけ、その「打つ」という言葉をきっかけに祐経に立ち向かっていこうとします。そこへ兄の曽我十郎《そがのじゅうろう》も駆《か》けつけて、一緒に祐経を討《う》とうと迫《せま》り、二人が先年工藤祐経に討たれた河津三郎《かわづさぶろう》の子として名乗りを上げると、祐経は二人の親を思う気持ちに打たれて袱紗《ふくさ》を投げ与えます。その中には富士の狩場《かりば》の絵図面が入っており、それはこの巻狩が終わったら兄弟に討たれようという祐経の覚悟《かくご》の表れであり、曽我兄弟は祐経との再会を約束します。

【本　題】

拙者《せっしゃ》親方と申すは、お立ち会いの中《うち》に、ご存じのお方もござりましょうが、お江戸を発《た》って二十里上方《かみがた》、相州《そうしゅう》小田原一色町《いっしきまち》をお過ぎなされて、青物町《あおものまち》を登りへおいでなさるれば、欄干橋《らんかんばし》虎《とら》屋《や》藤《とう》右衛門《えもん》、只今《ただいま》は剃髪《ていはつ》いたして、円斎《えんさい》と名乗りまする。

元朝《がんちょう》より大晦日《おおつもごり》まで、お手に入れまするこの薬は、昔、陳《ちん》の国の唐人《とうじん》、外郎《ういろう》という人、わが朝《ちょう》へ来たり、帝《みかど》へ参内《さんだい》の折から、この薬を深く籠《こ》め置き、用ゆるときは一粒《いちりゅう》ずつ、冠《かぶり》のすき間より取り出《いだ》す。よってその名を帝より「とうちんこう」と賜《たま》わる。すなわち文字《もんじ》には、「頂《いただ》き、透《す》く、香《にお》い」と書いて「とうちんこう」と申す。

只今はこの薬、ことの他、世上に広まり、方々《ほうぼう》に偽《に》せ看板《かんばん》を出《いだ》し、いや、小田原の、灰俵《はいだわら》の、さん俵《だわら》の、炭俵《すみだわら》のと、色々に申せども、平仮名を

【現代語訳】

私の店の主人と申しますのは、お集まりの皆様《みなさま》の中には、ご存じの方もおいでかとは思いますが、お江戸日本橋を出発して、東海道を二十里上方《かみがた》方面へ、相模国《さがみのくに》は小田原の一色町《いっしきまち》を過ぎて、青物町《あおものまち》をさらに西へ行った所にございます、欄干橋《らんかんばし》の虎屋《とらや》の藤右衛門《とうえもん》、今は仏門《ぶつもん》に入り、円斎《えんさい》と名乗っております。

元日の朝から大晦日《おおみそか》まで、お手にとっていただけきますこの薬は、その昔、陳《ちん》という国から「外郎《ういろう》」という方が日本へおいでになり、帝《みかど》へお目に掛《か》かったときに、この薬を自分の被《かぶ》り物の中に大事にしまっておき、使うときに一粒《ひとつぶ》づつ、その隙間《すきま》から取り出しました。それで薬の名を帝より、「透頂香《とうちんこう》」と下賜《かし》されました。すなわち、その文字には「頂《いただ》き、透《す》く、香《にお》い」と書いて「とうちんこう」と申します。

今ではこの薬は、予想以上に世の中に広まり、方々《ほうぼう》で類似品《るいじひん》まで登場し、いやあ、小田原の、灰俵《はいだわら》の、さん俵《だわら》の、炭俵《すみだわら》のとか、色々に呼ばれていますが、平仮名《ひらがな》で「う

もって「ういろう」と記《しる》せしは、親方円斎ばかり。もしやお立ち会いの中《うち》に、熱海《あたみ》か塔《とう》の沢《さわ》へ湯治《とうじ》にお出《い》でなさるるか、または伊勢《いせ》ご参宮《さんぐう》の折からは、必ず門違《かどちが》いなされまするな。

お上《のぼ》りならば右の方《かた》、お下《くだ》りなれば左側、八方《はっぽう》が八棟《やつむね》、表が三つ棟玉堂造《むねぎょくどうづく》り、破風《はふ》には菊に桐の薹《とう》の御紋《ごもん》を御赦免《ごしゃめん》あって、系図《けいず》正しき薬でございます。

いや、最前《さいぜん》より家名《かめい》の自慢《じまん》ばかり申しても、ご存じない方には、正身《しょうじん》の胡椒《こしょう》の丸呑《まるの》み、白河夜《しらかわよ》船《ふね》。さらば一粒《いちりゅう》食べかけて、その気味合《きみあ》いをお目にかけましょう。

まず、この薬をかように一粒《いちりゅう》舌の上にのせまして、腹内《ふくない》へ納《おさ》めますると、いや、どうも言えぬは、胃、心《しん》、肺、肝《かん》がすこやかになりて、薫風《くんぷう》、喉《のんど》より来たり、口中微涼《こうちゅうびりょう》を生ずるが如《ごと》し。

魚鳥《ぎょちょう》、茸《きのこ》、麺類《めんるい》の食い合わせ、その他、万病《まんびょう》に速効《そっこう》あること、神の如《ごと》し。

いろう」と記《しる》したのは、主人の円斎の薬だけです。もし、お集まりの皆様の中で、熱海《あたみ》か塔《とう》の沢《さわ》へ湯治《とうじ》でお出《い》でになるか、または伊勢神宮《いせじんぐう》へお参りするときには、店を間違《まちが》えないようにして下さい。

京都方面へお行きになるなら右側、江戸へお行きになるなら左側、あらゆる方面が八棟《やつむね》で、店の入り口は三つの棟がある御殿《ごてん》のような建物で、屋根の破風《はふ》には、菊《きく》に桐《きり》の薹《とう》の家紋《かもん》を使用するのを許されている由緒《ゆいしょ》正しい薬です。

さて、先程《さきほど》から私どもの店の自慢《じまん》ばかり申し上げてきましたが、ご存じない方にしてみれば、本物の胡椒《こしょう》を丸呑《まるのみ》みしても、ぐっすり寝てしまって、何も気付かなかったという「白河夜船《しらかわよふね》」のように、その辛《から》さがわからないでしょう。それであれば一粒《ひとつぶ》、口に入れてみまして、その効果の程《ほど》をお見せいたしましょう。

まずこの薬をこのように一粒舌の上にのせまして、お腹《なか》の中に飲み込みますと、いやもう、何と申しましょうか、胃、心臓、肺に肝臓などが丈夫《じょうぶ》になって、気持ちのよい風が喉《のど》から湧《わ》いて来るようで、口の中がさわやかな感じがしてきます。

　さて、この薬、第一の奇妙《きみょう》には、舌の回るは銭《ぜに》独楽《ごま》さえも裸足《はだし》で逃《に》げる。ひょろっと舌が回り出すと、矢も盾《たて》もたまりませぬ。

　そりゃそりゃそりゃそりゃ、回ってきたわ、回ってくるわ。

　あわや咽《のど》、さたらな舌に、カゲサ歯音《しおん》、ハマの二つは唇《くちびる》の軽重《けいちょう》。

　開口《かいごう》さわやかに、あかさたなはまやらわ、おこそとのほもよろを。

一ぺぎへぎに、へぎ干《ほ》しはじかみ、
盆豆《ぼんまめ》、盆米《ぼんごめ》、盆ごぼう、
摘《つ》み蓼《たで》、摘み豆、摘み山椒《ざんしょう》、
書写山《しょしゃざん》の写僧正《しゃそうじょう》、
粉米《こごめ》の生噛《なまが》み、粉米の生噛み、
こん粉米のこ生《なま》がみ、
繻子《しゅす》、緋《ひ》繻子、繻子、繻珍《しゅちん》、
親も嘉兵衛《かへえ》、子も嘉兵衛、
親嘉兵衛子嘉兵衛、子嘉兵衛親嘉兵衛。

　魚や鳥、茸《きのこ》や麺類《めんるい》の食い合わせ、その他、あらゆる病に効果てきめんなのは、まさに神業《かみわざ》です。

　さて、この薬の特に優れているのは、銭《ぜに》独楽《ごま》でさえも裸足《はだし》で逃《に》げていく程の勢いで、舌が回りはじめることです。一度、舌が回り出すと、弓矢で止めようとしても無理な話でございます。

　さあさあ、舌が回って来ました。回って来ましたよ。

「あ・わ・や」は喉音《こうおん》で、「さ・た・ら・な行」は舌音《ぜつおん》に歯音《しおん》、「は」と「ま」の二つは唇《くちびる》の合わせ方の軽い重いで出る音です。

　この薬を飲めば、口の開閉《かいへい》も自由になり、「あかさたなはまやらわ」「おこそとのほもよろを」。

一つの皿にへぎ干《ぼ》し餅《もち》と、はじかみ生姜《しょうが》、
お盆《ぼん》に供《そな》える豆と盆米《ぼんごめ》、盆ごぼう、
摘《つ》んだばかりの蓼《たで》に摘《つ》み豆、摘み山椒《さんしょう》、
書写山《しょしゃざん》で写経《しゃきょう》をしているお坊さん、
粉になった米を生噛《なまが》みに、
繻子《しゅす》に、紅染《べにぞ》めの繻子に、繻子、色とりどりの繻子、
親も嘉兵衛《かへえ》で、子も嘉兵衛、

古栗《ふるぐり》の木の古切口《ふるきりぐち》。
雨合羽《あまがっぱ》か、番合羽《ばんがっぱ》か、
貴様《きさま》の脚絆《きゃはん》も皮脚絆《かわぎゃはん》、われらが脚絆も皮脚絆。
尻皮袴《しりかわばかま》のしっぽころびを、
三針針長《みはりはりなが》にちょと縫《ぬ》うて、縫うてちょとぶんだせ。
かわら撫子《なでしこ》、野石竹《のせきちく》。
野良如来《のらにょらい》、野良如来、三《み》野良如来に六《む》野良如来。
一寸《ちょっと》先のお小仏《こぼとけ》に、お蹴《け》つまずきゃるな、
細溝《ほそどぶ》に泥鰌《どじょう》にょろり。
京のなま鱈《だら》、奈良なま学鰹《がつお》、ちょと四《し》、五貫《ごかん》目《め》。
お茶立《ちゃだち》ちょ、茶立ちょ、ちゃっと立ちょ、茶立ちょ、
青竹《あおだけ》茶せんで、お茶ちゃっと立ちゃ。
来るは来るは何が来る、
高野《こうや》のお山のおこけら小僧《こぞう》。
狸《たぬき》百匹、箸百膳《はしひゃくぜん》、天目《てんもく》百杯、棒《ぼう》八百本。

親嘉兵衛子嘉兵衛、子が嘉兵衛で、親も嘉兵衛、
古い栗《くり》の木を切ったあとの古い切り口。
雨合羽《あまがっぱ》か、番合羽《ばんがっぱ》か、
あなたの脚絆《きゃはん》も革脚絆《かわきゃはん》、われわれの脚絆も革脚絆。
皮袴《かわばかま》のほころびを、
三針《みはり》長めにちょっと縫《ぬ》って、縫ったら出発だ。
河原撫子《かわらなでしこ》、野石竹《のせきちく》。
野良《のら》にある如来《にょらい》、三体《みたい》の如来《にょらい》に六体《むたい》の如来。
ちょっと先の小さな仏様におつまずきになるな。
細い溝《どぶ》にドジョウがニョロリ。
京の生鱈《なまだら》、奈良の生のまながつお、ちょっと四《し》、五貫《ごかん》目《め》ぐらい（下さい）。
お茶をたてろ、茶をたてろ、早くたてろ、茶をたてろ、
青竹の茶筅《ちゃせん》で、すばやくお茶をたてろ。
来るぞ、来るぞ、何が来る、
高野山金剛峰寺《こうやさんこんごうぶじ》の取るに足らない小僧《こぞう》。
狸《たぬき》百匹、箸《はし》百膳《ぜん》、天目茶碗《てんもくちゃわん》百杯、棒八百本。
武具、馬具、武具、馬具、三《み》武具馬具、
合わせて武具、馬具、六《む》武具馬具。

武具《ぶぐ》、馬具《ばぐ》、武具、馬具、三《み》武具馬具、
合わせて武具、馬具、六《む》武具馬具。
菊《きく》、栗《くり》、菊、栗、三《み》菊栗、
合わせて菊、栗、六《む》菊栗。
麦、ごみ、麦、ごみ、三《み》麦ごみ、
合わせて麦、ごみ、六《む》麦ごみ。
あの長押《なげし》の長薙刀《ながなぎなた》は、誰《た》が長薙刀ぞ。
向こうの胡麻《ごま》がらは、
荏《え》の胡麻がらか、真《ま》胡麻がらか、
あれこそほんの真胡麻殻《まごまがら》。
がらぴい、がらぴい風車《かざぐるま》、
おきゃがれ小坊師《こぼし》、おきゃがれ小坊師、
ゆんべもこぼして、またこぼした。
たっぽぽたっぽぽ、ちりからちりから、
つったっぽ、たっぽたっぽの一干蛸《ひとほしだこ》、
落ちたら煮《に》て食お、
煮ても焼いても食われぬものは、
五徳《ごとく》、鉄弓《てつゆみ》、金熊童子《かなくまどうじ》に、

菊、栗、菊、栗、三《み》菊栗、
合わせて菊、栗、六《む》菊栗。
麦、ゴミ、麦、ゴミ、三《み》麦ゴミ、
合わせて麦、ゴミ、六《む》麦ゴミ。
あの長押《なげし》にある長い長刀《ながたな》は、誰《だれ》の長刀だ。
向こうのゴマの殻《から》は、
エゴマのゴマの殻か、マゴマのゴマ柄《がら》か。
あれこそ本物のマゴマの殻だ。
がらぴい、がらぴいと風車《かざぐるま》（は回る）、
起きろよ小法師《こぼし》、いい加減にしろよ小法師、
夕べもこぼして、またこぼした。
たっぽぽ、たっぽぽ、ちりから、ちりから、
つったっぽ、たっぽたっぽの干蛸《ほしだこ》が一つ、
落ちたら煮《に》て食べよう、
煮《に》ても焼いても食べられないものは、
五徳《ごとく》、鉄弓《てつゆみ》、金熊童子《かねくまどうじ》に、
石熊《いしぐま》、石持《いしもち》、虎熊《とらくま》、虎きす。
中でも、東寺《とうじ》の羅生門《らしょうもん》では、
茨木童子《いばらきどうじ》が、斬《き》られた腕《うで》でゆで栗を五合《ごごう》つかんでい

石熊《いしぐま》、石持《いしもち》、虎熊《とらくま》、虎鱚《とらぎす》。
中にも、東寺《とうじ》の羅生門《らしょうもん》では、
茨木童子《いばらきどうじ》がうで栗五合《ぐりごんごう》つかんでおむしゃる。
かの頼光《らいこう》の膝元《ひざもと》去らず。
鮒《ふな》、金柑《きんかん》、椎茸《しいたけ》、定めて後段《ごだん》な、
そば切り、そうめん、うどんか、愚鈍《ぐどん》な小新発《こしんぼ》地《ち》。
小棚《こだな》の、小下《こした》の、小桶《こおけ》に、こ味噌《みそ》が、こ有るぞ、
小杓子《こじゃくし》、こ持って、こすくって、
こ寄越《よこ》せ、おっと合点《がってん》だ、
心得《こころえ》たんぼの川崎、神奈川、程ヶ谷《ほどがや》、戸塚は、走って行けば、
やいとを摺《す》りむく、三里《さんり》ばかりか、
藤沢、平塚、大磯《おおいそ》がしや、
小磯《こいそ》の宿を七つ起きして、
早天早々《そうてんそうそう》、相州《そうしゅう》小田原透頂香《とうちんこう》、
隠《かく》れござらぬ貴賤群衆《きせんぐんじゅ》の花のお江戸の花ういろう。

らっしゃる。
かの源頼光《みなもとのらいこう》の膝元《ひざもと》から離《はな》れることなく。
鮒《ふな》、きんかん、しいたけは、必ず食後の締《し》めの軽食《けいしょく》として出され、
そば切り、そうめん、うどんもそうか、新米《しんまい》の小坊主《こぼうず》は。
小さな棚《たな》の、ちょっと下の、小さい桶《おけ》に、ちょっとばかり味噌《みそ》があるぞ、
小さな杓子《しゃくし》を、ちょっと持って来て、ちょっとすくって、
ちょっと寄越《よこ》せ、おっと合点《がってん》だ。
心得《こころえ》ているのは田んぼばかりの川崎、神奈川、保土ヶ谷、戸塚宿は、走っていけば、
やいとをすりむく、三里《さんり》ぐらいに感じられないか。
藤沢、平塚、大磯《おおいそ》と大忙《おおいそが》しで走って、
小磯《こいそ》の宿で明七《あけなな》ツに起きて、
明け方早くに、相模国《さがみのくに》小田原の透頂香《とうちんこう》を（持ってまいりました）、
隠《かく》れられないような身分の高い人も低い人も大勢《おおぜい》集

あれ、あの花を見て、お心をお和《やわ》らぎやという、
産子《うぶこ》、這子《はうこ》に至るまで、
この外郎のご評判《ひょうばん》、
ご存じないとは申されまいまいつぶり、
角《つの》出せ、棒《ぼう》出せ、ぼうぼう眉《まゆ》に、
臼《うす》、杵《きね》、すりばち、ばちばち、がらがらがらと、
羽目《はめ》をはずして、今日《こんにち》お出《い》でのいずれも様に、
上げねばならぬ、売らねばならぬと、
息せき引っ張り、
東方世界の薬の元締《もとじ》め、薬師如来《やくしにょらい》も照覧《しょうらん》あれと、
ほほ敬《うやま》って、ういろうは、いらしゃりませぬか。

まっている、華《はな》のお江戸のような花ういろうです。
あれ、あの花を見て、お心をなごやかになさいませという、
生まれたばかりの子どもから、ハイハイができるようになった子どもまで、
このういろうの評判《ひょうばん》を、
知らないとは言わせません。
カタツムリ、角《つの》出せ、棒《ぼう》出せ、ぼうぼう眉《まゆ》に、
臼《うす》、杵《きね》、すり鉢《ばち》が、バチバチ、ガラガラガラと、
羽目《はめ》を外《はず》して、今日、お出《い》でのみなさま方に、
薬をあげなければならない、売らなければならないと、
息を込めて気を張って、
東方世界にいらっしゃる薬の元締《もとじ》めである、薬師如来《やくしにょらい》もご覧《らん》になって下さいと、
いかがでございましょう。ういろうのご入《い》り用はありませんか。

知っておきたい用語集

ういろう　小田原名産の痰切《たんき》りの丸薬《がんやく》。中国の元《げん》時代の員外郎陳宗敬《いんがいろうちんそうけい》が日本に帰化《きか》し、博多で創製《そうせい》。その子孫が京都西洞院《にしのとういん》に住み、透頂香《とうちんこう》と称して売り出し、それが小田原に伝わったもの。ういろうぐすり。

富士《ふじ》の巻狩《まきがり》　鎌倉時代、富士山麓《ふじさんろく》で行われた狩り。建久《けんきゅう》四年（一一九三）に源頼朝《みなもとのよりとも》が催《もよお》した狩りは、曽我《そが》兄弟《きょうだい》の仇討《あだうち》（『助六由縁江戸桜』を参照）で知られる。

袱紗《ふくさ》　儀礼《ぎれい》用の方形《ほうけい》（正方形か長方形）の絹布《けんぷ》（絹の布）で、絹や縮緬《ちりめん》（表面に細かいしぼ（でこぼこ）をつけた絹織物《きぬおりもの》）などで、一重《ひとえ》または二重《ふたえ》につくり、無地《むじ》や刺《し》繍《しゅう》を施《ほどこ》したもの。進物《しんもつ》（贈り物）の上に掛《か》けたり、物を包《つつ》んだりするのに用いる。

さん俵《だわら》　俵の両端《りょうたん》につける円形の藁《わら》ぶた。桟俵《さんだわら》。

破風《はふ》　切妻造《きりづまづくり》や入母屋造《いりもやづくり》などの屋根の妻《つま》側（棟《むね》の端《はし》）において合掌形《がっしょうがた》に付けられた板。またはその板を組んだ部分。

胡椒《こしょう》の丸《まる》呑《の》み　胡椒の味は嚙《か》まずに丸呑みしただけではわからないところから、表面だけを見て、真の意味を理解しないことのたとえ。

白河夜船《しらかわよふね》　いかにも知っているような顔をすること。知ったかぶり。ぐっすり寝込んでいて何が起こったかまったく知らないこと。

銭独楽《ぜにごま》　銭の穴に木の軸《じく》を通して心棒《しんぼう》として、糸を巻きつけて独楽のように回すもの。子どものおもちゃや宴席《えんせき》などでの遊び道具としてもてはやされた。銭車《ぜにぐるま》。

あわや咽《のど》、さたらな舌に、カゲサ歯音《しおん》。ハマの二つは唇の軽重《けいちょう》　中国の音韻学《おんいんがく》である「唇音《しんおん》、舌音《ぜつおん》、歯音《しおん》、牙《が》音《おん》、喉音《こうおん》」を表す。

たっぽぽ、たっぽぽ　鼓《つづみ》を叩《たた》く音。

金熊《かねぐま》童子《どうじ》に、石熊《いしぐま》、石持《いしもち》、虎熊《とらぐま》、虎鱚《とらぎす》　大江山に住んでいる鬼《おに》である酒呑童子《しゅてんどうじ》の家来《けらい》で、四天王でもある金熊童子、石熊童子、星熊童子、虎熊童子のうち、金熊と石熊、虎熊が読み込まれ、他に石持と虎鱚は食べることのできる魚。

七《なな》ツ　今の午前四時ごろ。

歌舞伎
文楽
能
講談

平家女護島より鬼界ヶ島の場（俊寛）

（へいけにょごのしま／きかいがしまのば・しゅんかん）

時代物
夫婦
忠義
人情
情愛

●作品のポイント●

「平家《へいけ》にあらずんば人にあらず」と発したのは、平清盛《たいらのきよもり》の継室《けいしつ》（後妻《ごさい》）平時子《たいらのときこ》の弟、平時忠《たいらのときただ》ですが、平家の栄耀栄華《えいようえいが》はこの言葉に集約されているとしても過言《かごん》ではないと思います。

しかし『平家物語《へいけものがたり》』の冒頭《ぼうとう》で、「おごれる人も久しからず、唯《ただ》春の夜《よ》の夢のごとし」と記《しる》されるように、平家の隆盛《りゅうせい》に大きな不満を持った人が多かったのも事実です。

それが一つの事件として現れたのが、安元《あんげん》三年（一一七七）六月に京都で起きた「鹿ケ谷《ししがたに》の陰謀《いんぼう》」でした。この物語の主人公である俊寛《しゅんかん》をはじめ、後白河法皇《ごしらかわほうおう》の近臣《きんしん》である藤原成親《ふじわらのなりちか》、成経《なりつね》父子、西光《さいこう》たちによって、現在の京都市左京区にあった鹿ケ谷の山荘《さんそう》で行われた平家討伐《とうばつ》の密議《みつぎ》が発覚《はっかく》した事件で、多田行綱《ただゆきつな》の密告《みっこく》により発覚し、平家は一味《いちみ》を捕《と》らえ、成親を備前《びぜん》に、俊寛、成経、そして平康頼《たいらのやすより》を鬼界ヶ島《きかいがしま》に配流《はいる》しました。

ここで紹介する場面は、鬼界ヶ島に流された三人のもとへ赦免船《しゃめんせん》がやって来たときのもので、罪を赦《ゆる》されなかった俊寛や、成経が島で出会い、妻とした千鳥《ちどり》の心情といったものが描《えが》かれています。船へ乗ることができるのは三人。一人は島へ残らなくてはならないという状況のもと、千鳥が口にする「鬼界ヶ島に鬼《おに》はなく、鬼は都《みやこ》にありけるぞや」というセリフが、観ている者の心を打ちます。

ここまでのあらすじ

絶海《ぜっかい》の孤島《ことう》、鬼界ヶ島《きかいがしま》は流人《るにん》の島です。

全盛極《きわ》める平清盛《たいらのきよもり》を打倒《だとう》するために鹿ヶ谷《しかがたに》に集まったという罪で、俊寛《しゅんかん》、丹波少将《たんばのしょうしょう》成経《なりつね》、平判官康頼《へいはんがんやすより》の三人が流罪《るざい》となって三年が経《た》ちました。都《みやこ》へ帰れる日を待ちながら毎日を過ごしている間に、成経が海女《あま》の千鳥《ちどり》を妻に迎《むか》えます。それを知って喜ぶ俊寛は、ささやかな祝宴《しゅくえん》を開きます。

するとそこへ、都から赦免船《しゃめんせん》がやって来たので、千鳥を加えた四人が迎えるも、使者の瀬尾太郎兼頼《せのおたろうかねやす》が読み上げる赦免状には俊寛の名前はありませんでした。そこへもう一人の使者である丹左衛門尉基康《たんざえもんのじょうもとやす》が現れると、俊寛も連《つ》れ帰るという赦免状を読み上げます。三人は喜び、千鳥を伴《ともな》って船に乗り込もうとしますが、瀬尾は赦免状に名前のないものは乗せられないと口にし、さらに俊寛に妻の東屋《あずまや》が清盛の意に逆らい、首を落とされたということを知らせます……。

【本　題】

舞台の正面奥《おく》には、海原《うなばら》が見渡《みわた》せる書き割《わ》りが、上手《かみて》には枯《か》れた葦《あし》が生《お》い茂《しげ》る岩を組んだ張物《はりもの》が置かれ、中央には粗末な庵《いおり》があり、波の打ち寄せる様《さま》が描《か》かれています。

俊寛　ハテ心得《こころえ》ぬ。漁船《りょうせん》とも覚《おぼ》えぬ大船の漕《こ》ぎ来《きた》るは、アレアレ、この島を目掛《が》けて漕ぎ来るぞや。

成経　どれどれ、ほんに、

康頼　いかにもあれへ。

俊寛　もしやわれ等三人《ら》を帰洛《きらく》せよとの迎《むか》えの船ではあるまいか。

成経　たとえわれ等帰洛の迎え来るにもせよ、俊寛殿は後白河法皇《ごしらかわほうおう》第一の御味方《おみかた》。

康頼　赦免の船ではよもあるまじ。

俊寛　ても、この島を目当てにして、あれあれ、帆《ほ》を巻き、近寄る大船。

康頼　もしや。

〽あれよあれよというちに、程《ほど》なく着岸《ちゃくがん》。京家《きょうけ》の武士の印を立て、潮《しお》の干潟《ひがた》に船繋《つな》がせ、両使《りょうし》、汀《みぎわ》に打ち上がり

丹左衛門　鬼界ヶ島の流人、丹波少将成経、

瀬尾　平判官康頼はおわせぬか。

〽高らかに呼ばわる声

俊寛　ハハッ、俊寛はこれに候《そうろう》。

成経　成経はこれに候。

康頼　康頼は某《それがし》でござる。

〽われ先にとふためき走り、ハハッと手をつき、頭を下げ、うずくまる。瀬尾の太郎、懐中《かいちゅう》より赦《ゆる》し文《ぶみ》取り出だし

瀬尾　こりゃこりゃ、いずれも赦免のおもむき承《うけたまわ》れ。

三人　ハハア。

瀬尾　この度《たび》、中宮《ちゅうぐう》御産《おさん》の御祈《おいの》りによって、非常《ひじょう》の大赦《たいしゃ》行わるる。鬼界ヶ島の流人、丹波少将成経、平判官康頼、二人《ににん》とも赦免あるところ、急ぎ帰洛せしむべきの条、件《くだん》の如《ごと》し。

〽読みも終わらず二人はハッとひれ伏せば

俊寛　あいや、はばかりながら、只今《ただいま》承《うけたまわ》りましたる名面《なおもて》は、少将、康頼両人ばかり。何とて、この俊寛は読み落とし給《たま》いしぞ。

瀬尾　やあ、瀬尾ほどの者に、読み落とせしとは慮外《りょがい》至極《しごく》。二人の他に名があるか。この赦し文、とっくと見よ。

俊寛　どれ。

〽少将、判官もろともに、これは不思議《ふしぎ》と読み返し繰り返し、もしやと礼紙《らいし》をたずねても、僧都《そうず》とも、俊寛とも書きたる文字のあらばこそ

俊寛　こりゃ、入道殿《にゅうどうどの》の物忘れか。筆者のあやまりか。同じ罪、同じ配所《はいしょ》、非常も同じ大赦なるに、二人は赦《ゆる》され、われ一人、誓《ちか》いの網《あみ》にもれ果《は》てしか。

〽菩薩《ぼさつ》の大慈大悲《だいじだいひ》にも、分け隔《へだ》てのありけるか。疾《と》くにも捨身《しゃしん》し、死したらば、この悲しみはあるまじき。もしやもしやとながらえて、浅ましの命やと、声も惜《お》しまず泣きたもう

（丹左衛門尉《たんざのえもんじょう》基康が供《とも》の者を付添《つきそ》いにして登場します。）

丹左衛門　とくより申し聞かせんとは存ぜしかど、小松殿《こまつどの》の仁心《じんしん》、骨髄《こつずい》に知らさんため、しばらくは控《ひか》えたり。とくと承《うけたまわ》れよ俊寛僧都。一つ、鬼界ヶ島の流人《るにん》、俊寛僧都こと、小松内府重盛公《こまつないふしげもりこう》のご憐愍《れんみん》によって、備前《びぜん》の国まで帰参《きさん》すべきの条、能登守教経《のとのかみのりつね》承って件《くだん》の如し。

俊寛　やや、そりゃ重盛公の情けをもって、この俊寛にもご赦免の御諚《ごじょう》。

丹左衛門　いかにも。

成経　すりゃ三人ともご赦免とな。

〽ハアハアハアと俊寛は、真砂《まさご》に額《ひたい》をすり入れすり入れ、三拝《さんぱい》なしてうれし泣き

丹左衛門　もはや島には用もなし、幸せと風もよし。

瀬尾　いざ、乗船《じょうせん》いたされよ。（康頼のあとに続いて船に乗り込もうとする千鳥《ちどり》へ向かって）ヤア、見苦《みぐる》しい女め。見送りの奴《やっこ》ならば、船へは叶《かな》わぬ。ここから立ち去りおろう。

成経　あいや、この女は苦しからず。この少将が配所《はいしょ》のうち、厚恩《こうおん》の情《なさけ》を受けて夫婦となり、帰洛せば同道《どうどう》せんと、かたく申し交《か》わせし女。ご両人のお情けをもちまして、着船《ちゃくせん》の津《つ》までは同船ゆるし下されい。

瀬尾　やあ、そんなこと叶《かな》わぬ叶わぬ。流人《るにん》の他に、女は叶わぬ。

成経　なにとぞ、お聞き届け下さらば、子々孫々《ししそんそん》までこのご恩は忘れはせじ。

瀬尾　ならぬならぬ、叶わぬことだ。

成経　かほど申せど、ご料簡《りょうけん》なくば力なし。この上は少将がこの島にとどまって、都へは帰るまじ。さあ、俊寛殿、康頼殿も急いで船場《ふなば》へ。

俊寛　いやいや、それは僻事《ひがごと》。先刻《せんこく》も申す通り、罪も同じきこの三人。

〽流人は一致《いっち》。われわれも帰るまじと、三人、浜へ座《ざ》を組み、思い定めしその顔色《がんしょく》。丹左衛門、心ある侍《さむらい》にて

丹左衛門　瀬尾殿、かようにては、君ご大願《たいがん》の妨《さまた》げ、女を船には乗せずとも、一日二日逗留《とうりゅう》なし、とくとなだめて得心《とくしん》させ、皆々《みなみな》快《こころよ》くてこそ、この度大赦《たびたいしゃ》の御祈禱《ごきとう》とならめ。

瀬尾　いや、そりゃ役人のわがまま、船路関所《せんじせきしょ》の通り切手、二人とある二の字の上へ、能登殿《のとどの》が一点加えて、三人とせられしさえ私《わたくし》なるに、四人とはどなたの許し。所詮六波羅《しょせんろくはら》のお館《やかた》へ渡すまでは、われわれが預《あず》かり、乗らぬとて乗せまいか。コリャ、ヤイ、俊寛、われが妻の東屋《あずまや》は、清盛公の御意《ぎょい》に背《そむ》きしゆえ、六波羅館へ引き出《い》だし、首討《う》たれたわやい。

俊寛　何と召《め》された。妻の東屋は……。

（ここで瀬尾太郎は三人を船底《ふなぞこ》へ閉じ込めることを命じ、丹左衛門の願いを聞き入れず、また自身にすがりついてきた千鳥を追い払います。そして千鳥はそこへ倒《たお》れてしまいます。）

〽不憫《ふびん》や浜辺《はまべ》にただ一人、友なし千鳥泣きわめき

千鳥　武士《もののふ》はもののあわれを知るというは、いつわりよ。鬼界ヶ島に鬼《おに》はなく、

〽鬼は都《みやこ》にありけるぞや。馴《な》れ初《そ》めしその日より、御免《ごめん》の便り聞かせて給《た》べと、月日を拝《おが》み、龍神《りょうじん》に願いを立てて祈りしは、連れて都で栄耀栄華《えいようえいが》は望みでなし

千鳥　蓑虫《みのむし》のような姿を、元の花の姿にして、せめて一夜《ひとよ》添い寝して、女子《おなご》に生まれた名聞《みょうもん》と、これがたった一つの楽しみ、ええ、むごい、鬼よ、鬼神《きしん》よ。女子《おなご》一人乗せたとて、軽い船が重うもなるまい。人の嘆《なげ》きを見る目はないか、これほど言うのを聞く耳は持たぬのか。

〽連れて給《た》べ、のう、乗せて給《た》べと、声を上げ、打ち招き、足ずりしては伏《ふ》し転《まろ》び、人目も恥《は》じず嘆《なげ》きしが

千鳥　海女《あま》の身なれば、一里や二里の海、怖《こわ》いとは思わねども、八百里九百里の泳ぎも水練《すいり》もなるものか。いっそこの岩に頭《かしら》を打ちあて、打ち砕《くだ》き、今、死ぬる。お名残《なご》り惜《お》しい少将様、さらばじゃぞえ。念仏《ねんぶつ》申すむぞうか者と、りんにょぎゃってくれめせや。

〽泣く泣く岩根《いわね》に立ち寄れば、

俊寛　やれまて、千鳥、早まるな。

〽と、よろぼいよろぼい俊寛は、ようようそばへ走り寄り、（皆《みな》を押しのけて千鳥のそばへやって来て）こりゃ、船へ乗せて京へやる。早まったことをせまいぞ。こりゃ千鳥、今のを聞いたか。わが妻の東屋は、

入道殿《にゅうどうどの》の意に違《ちご》うて斬《き》られたとやい。三世《さんぜ》の契《ちぎ》りの女房を死なせ、何楽しみにわれ一人、京の日花を見たくもなし。世にたのみなきこの俊寛は捨て置いて、代わりに船へ乗って給《た》べ。さすれば、関所三人の切手にも相違《そうい》なく、お使いにも誤りなし。（丹左衛門に向かって）ご両使《りょうし》、なにとぞこの女を船に乗せ、召《め》し連《つ》れられて下さるよう、ひとえに願い存じまする。

瀬尾　黙《だま》りおろう、木菟入《ずくにゅう》め、さように物が自由になれば、赦《ゆる》し文《ぶみ》もお使いも要《い》らぬわ。女めは叶わぬことだ。

俊寛　それはあまり料簡《りょうけん》なし。とかくお慈悲《じひ》に。

瀬尾　叶わぬことだ。

俊寛　すりゃ、どうあっても（瀬尾太郎へ擦《す》り寄る）。

瀬尾　ならぬならぬ。

俊寛　（瀬尾太郎の腰《こし》の一刀《いっとう》を引き抜き）非道者《ひどうもの》めが（と斬《き》りつける）。

〽弓手《ゆんで》の肩先《かたさき》八寸ばかり斬り込んだり。うんと反《そ》れども流石《さすが》の瀬尾太郎、差添《さしぞ》え抜いて起き上がり、斬ってかかるもひょろひょろ柳《やなぎ》。そもそも僧都《そうず》は枯木《かれき》のいざり松。両方気力なぎさの砂原《すなはら》、踏《ふ》んごみ踏み抜き息切れ声を力にて、ここを先途《せんど》と挑《いど》み合う。成経、康頼立ち騒《さわ》げば、丹左衛門おしとどめ

丹左衛門　やあ、いずれもお騒ぎあるな、御赦免の流人と上使《じょうし》の喧嘩《けんか》、落着《らっきょ》の首尾《しゅび》を見届けて言上《ごんじょう》する。かならず外より助太刀無用《すけだちむよう》。

〽千鳥は耐《た》えかね、竹杖《たけづえ》振《ふ》って打ちかくる

俊寛　（千鳥を止めて）やあ、寄るまい寄るまい、杖でも出せば、相手の申す科《とが》はのがれぬ。退《の》いた退いた。

〽さし出たら恨《うら》みぞと、言うに千鳥も詮方《せんかた》なく、心ばかりに身をもんだり。血まぶれの手負《お》いと飢《う》えに疲れし痩《や》せ法師《ほうし》。発止《はっし》と打てばたじたじたじ、刀につられ手はぶらぶら。組みは組んでも締《し》めねば左右へひょろりと離《はな》れ、砂にむせんで片息《かたいき》の、両方あやうく。瀬尾が心は上見ぬ鷲《わし》、つかみかかるを俊寛が、雲雀骨《ひばりぼね》にはったと蹴《け》られ、かっぱと伏《ふ》せば這《は》い寄って、馬乗りにどうと乗ったる刀、とどめを刺《さ》さんとふり上ぐるを

丹左衛門　やれ、待たれよ俊寛。勝負はきっと見届けたり。とどめを刺《さ》せば僧都《そうず》があやまり、科《とが》に科を重ぬる道理、とどめ刺すこと無用《むよう》、無用。

俊寛　おお、科重なったるこの俊寛、われをこの島へ捨て置かれよ。

丹左衛門　御辺《ごへん》を島に残しては、小松殿、能登殿の御情《おなさけ》も無足《むそく》にし、御意《ぎょい》に背《そむ》く使いの落ち度。ことに三人の数不足しては、関所の異論叶《いろんかな》いがたし。とくとく一緒に乗船めされよ。

俊寛　さればされば、少将康頼にこの女乗《じょう》すれば、人数にも不足なく、関所の異論なきところ。小松殿、能登殿の情にて、昔の科《とが》は赦《ゆる》されて、帰洛に及《およ》びし俊寛が、上使《じょうし》を斬ったる科《とが》により、改めて今、

〽鬼界ヶ島の流人となれば

俊寛　上《かみ》、お慈悲の道も立ち、お使いの落ち度、いささかなし。

〽と一心《いっしん》に思い定めしとどめの刀

俊寛　瀬尾、受け取れ。

〽恨《うら》みの刀。船中、ワッと感涙《かんるい》に、少将も康頼も手を合わせたるばかりなり。千鳥一人がやる方なく、
千鳥　親子は一世《いっせ》、夫婦は来世《らいせ》があるものを、わしが未練《みれん》で思い切りのないゆえに、島の憂《う》き目人にかけ、のめのめ船に乗らりょうか。みなさまさらば。
〽行くを俊寛すがり止め
俊寛　やれ、待て。われこの島に留まれば、五穀《ごこく》に離《はな》れし餓鬼道《がきどう》に、今現在の修羅道《しゅらどう》。硫黄《いおう》の燃ゆるは地獄道《じごくどう》、三悪道《さんあくどう》をこの世で果たし、後世《こうせい》を助けてくれぬかやい。俊寛が乗るは弘誓《ぐぜい》の船。
〽浮世《うきよ》の船には望みなし
俊寛　聞き分けて、はや乗れ、乗せて給《た》べ。
〽袖《そで》を引き立て手を引き立て、ようように抱《だ》き乗せければ、少将夫婦、康頼も
康頼　お名残惜《お》しや、
少将・康頼　俊寛殿。
丹左衛門　ずいぶん堅固《けんご》で、
少将・康頼　おさらば。
俊寛　さらば。
〽さらばやと、言うより他は涙にて、艫綱《ともづな》解《と》いて漕《こ》ぎ出《い》だす、船よりは扇《おうぎ》を上げ、陸《くが》よりは手を上げて、互《たが》いに未来で
俊寛　未来で。

〽と、呼ばわる声も出船《いでぶね》に、追手《おいて》の風の心なく、見送る影も島隠《かく》れ。見えつ隠れつ潮曇《しおぐも》り

（船が上手《かみて》へ消えていく）

少将・康頼　おーい！

俊寛　おーい！

（舞台が廻《まわ》り、岩台《いわだい》が前方へ出てきたところで、俊寛がそれによじ登り、去っていく船を見送りながら、岩の上に生えている松の枝へ手を掛《か》けて、思いを込めて）

俊寛　おおい、おおい。おーい！　…………。

このあとの展開

成経と康頼、千鳥の三人を乗せた赦免船は敷名《しきな》の浦《うら》に到着しますが、清盛と後白河法皇が乗った御座船《ござぶね》の通行を聞いた丹左衛門は、俊寛の郎等《ろうとう》である有王丸《ありおうまる》に千鳥を預《あず》けることにします。

実は清盛は、厳島神社《いつくしまじんじゃ》の参詣《さんけい》を装《よそお》って、後白河法皇を殺害しようとやって来たのであって、法皇に詰め寄り入水《じゅすい》させます。千鳥が法皇を救出しますが、清盛の手によって殺されてしまいます。すると、清盛を恨《うら》む俊寛の妻・東屋と千鳥の亡霊《ぼうれい》がそこへ出現し、清盛を苦しめます。

●作品の背景●

江戸時代の浄瑠璃《じょうるり》や歌舞伎作者である近松門左衛門《ちかまつもんざえもん》（承応《じょうおう》二年（一六五三）〜享保《きょうほう》九年（一七二五））の作で、『平家物語』や能の『俊寛《しゅんかん》』を題材にした全五段の時代物です。初演は享保《きょうほう》四年（一七一九）で、大坂の竹本座《たけもとざ》での人形浄瑠璃《にんぎょうじょうるり》によるものでした。

歌舞伎では、『平家女護島』の二段目のラストの場面であり、主に俊寛の悲劇を描く『俊寛』（『鬼界ヶ島《きかいがしま》』）の場が、単独で上演されますが、本来はここでは「あらすじ」として紹介した、平清盛の横暴《おうぼう》や俊寛の妻である東屋《あずまや》の自害《じがい》を描いた『六波羅清盛館《ろくはらきよもりやかた》』や、鬼界ヶ島での場面の後、清盛が亡霊《ぼうれい》に苦しめられる『敷名《しきな》の浦《うら》』の場があります。

自分自身が決めた覚悟《かくご》とはいえ、船が島を去っていく様子を前に、涙《なみだ》を見せて泣き叫《さけ》ぶ、人間の弱さや自身に残る未練《みれん》を描《えが》くクライマックスが見どころです。そうした俊寛役を演じるのは、その時代の名優《めいゆう》で、これまで中村勘三郎《なかむらかんざぶろう》や片岡仁左衛門《かたおかにざえもん》、近年では中村吉右衛門《なかむらきちえもん》の好演が評判を呼んでいます。

知っておきたい用語集

配流《はいる》　刑罰《けいばつ》として罪人《ざいにん》を遠くの地へ流すこと。流刑《るけい》。島流し。

流人《るにん》　辺地《へんち》（都から遠く離《はな》れたところ）や離れ島に送られる流罪《るざい》の刑に処せられた人。

帰洛《きらく》　都、特に京都へ戻ること。

赦免《しゃめん》　罪や過《あやま》ちを許すこと。

よもあるまじ　そんなことはまさかあるまい。

汀《みぎわ》　なぎさ、波打ち際《ぎわ》。水際《みずぎわ》。

中宮《ちゅうぐう》　皇后《こうごう》（天皇の后《きさき》）・皇太后《こうたいごう》（上皇や法皇の后）・太《たい》皇太后（先々代の天皇の后または天皇の祖母《そぼ》）の三后のこと。

大赦《たいしゃ》　恩赦《おんしゃ》の一つで、罪について、有罪の言い渡《わた》しの効力など消滅《しょうめつ》させ、重罪《じゅうざい》も免除《めんじょ》するもの。

名面《なおもて》　名前。

慮外《りょがい》　思いもしなかったこと。意外なこと。

礼紙《らいし》　書状の余白《よはく》。

あらばこそ　（「ない」よりも強い打ち消しで）まったくない。ありはしない。

入道殿《にゅうどうどの》　ここでは平清盛《たいらのきよもり》のこと。

配所《はいしょ》　罪を得た人が流された土地。配流《はいる》の地。

大慈大悲《だいじだいひ》　仏《ほとけ》の広大無辺《むへん》の慈悲。大慈悲。

御諚《ごじょう》　貴人《きじん》や主君《しゅくん》の命令。仰《おお》せ。お言葉。

津《つ》　舟着き場。

料簡《りょうけん》　考え。気持ち。思案。

僻事《ひがごと》　事実に合わないこと。道理《どうり》に合わないこと。

とくと　じっくりと。

六波羅《ろくはら》　現在の京都府京都市東山区松原通り周辺《しゅうへん》の地名。六波羅蜜寺《ろくはらみつじ》の所在地。平安末期には平清盛《たいらのきよもり》はじめ、平氏《へいし》一門の邸宅《ていたく》が並び、平氏政権《せいけん》の中心地となった。鎌倉時代にはここに六波羅探題《たんだい》（京都の政治や軍事、裁判などをつかさどる機関）が置かれた。

給《た》べ　～して下さい。給《たま》へ。

名聞《みょうもん》　世間での評判《ひょうばん》や名声《めいせい》。

むぞうか者　「可愛《かわい》い者」という意味の方言。

りんにょぎゃってくれめせや　「可愛がってくださいませ」という意味の方言。

よろぼい

↓よろぼふ　よろよろと歩く。よろめく。

三世《さんぜ》の契《ちぎ》り

↓三世《さんぜ》の縁《えん》　前世《ぜんぜ》・現世《げんせ》・来世《らいせ》と、三世の間、切れることのない縁。

木菟入《ずくにゅう》　僧や坊主頭《ぼうずあたま》の人をののしっていう語。

弓手《ゆんで》　弓を持つほうの手。左の手

落着《らっきょ》　物事に決まりがついて落ち着くこと。決着。

詮方《せんかた》なく

↓せむかたなし　どうしてよいかわからない。どうしようもない。

御辺《ごへん》　二人称。目上の人に対して、敬意《けいい》をもって用いる。あなた。

無足《むそく》　むだになること。むだであること

親子は一世《いっせ》、夫婦は来世《らいせ》

↓親子は一世《いっせ》、夫婦は二世《にせ》、主従《しゅじゅう》は三世《さんせ》　親と子の関係は現世《げんせ》だけのものであり、夫と妻の関係は前世《ぜんぜ》と現《げん》世《せ》、あるいは来世《らいせ》の二世《にせ》にわたり、主人と従者の関係は前世・現世・来世の三世にわたるものであるということ。

のめのめ　恥《は》ずかしげもなく平然《へいぜん》としているさま。おめおめ。

弘誓《ぐせい》　衆生《しゅじょう》を救おうとしてたてた菩薩《ぼさつ》の誓願《せいがん》。

艫綱《ともづな》　船尾《せんび》にあって船を陸につなぎとめる綱。もやいづな。

郎等《ろうとう》　主人に付き従う従僕《じゅうぼく》。従者。武家《ぶけ》の家臣《かしん》で、主家《しゅけ》（主人の家族）と血縁《けつえん》関係がない者。

歌舞伎
文楽

菅原伝授手習鑑より寺子屋
〈すがわらでんじゅてならいかがみ／てらこや〉

時代物
親子
兄弟
夫婦
復讐・仇討
忠義
才覚
情愛

●作品のポイント●

学問の神様といえば、「天神様《てんじんさま》」の呼び名で知られる菅原道真《すがわらのみちざね》（八四五〜九〇三）です。昌泰《しょうたい》四年（九〇一）に左大臣《さだいじん》藤原《ふじわらの》時平《しへい》（実在する人物を指すときは「ときひら」）の讒言《ざんげん》により、右《う》大臣《だいじん》であった道真が大宰府《だざいふ》へ左遷《させん》されたことや、京都を去《さ》るときに詠《よ》んだ〈東風《こち》吹かば匂ひをこせよ梅の花主《あるじ》なしとて春な忘れそ〉という歌は有名です。

この物語に登場する武部源蔵《たけべげんぞう》は、元は菅丞相《かんじょうしょう》（菅原道真がモデル）の家来《けらい》であり、書道《しょどう》の弟子《でし》でもありましたが、菅丞相に勘当《かんどう》されてしまい、やはり菅家《かんけ》に仕《つか》えていた妻《つま》の戸浪《となみ》とともに、今は寺子屋《てらこや》を開いています。そこへ御台所《みだいどころ》（または御台様《みだいさま》）と呼ばれる菅丞相の正室《せいしつ》と、その子菅秀才《かんしゅうさい》が現れ、さらにそれを追った敵方《てきがた》藤原時平の舎人《とねり》松王丸《まつおうまる》がやってくることから物語が始まります。歌舞伎では四段目の切《きり》（ラスト）を『寺子屋』という名で上演《じょうえん》することが多く、長いストーリーの中からその場面を紹介《しょうかい》します。

ここまでのあらすじ

〈初　段〉

醍醐天皇《だいごてんのう》の時代に、渤海国《ぼっかいこく》の僧《そう》である天蘭敬《てんらんけい》が帝《みかど》の絵姿《えすがた》を描《か》かせて欲しいと参上《さんじょう》します。左大臣《さだいじん》の藤原《ふじわらの》時平《しへい》が、帝の代わりに絵のモデルになろうと言い出すと、それを右大臣《うだいじん》である菅原道真《すがわらのみちざね》こと菅丞相《かんじょうしょう》が諫《いさ》め、帝の弟、斎世親王《ときよしんのう》をモデルにしてはと提案《ていあん》します。

事が思い通りにいかずに憤《いきどお》る時平は、帝の装束《しょうぞく》である金冠白衣《きんかんびゃくえ》を持っていこうとするので、菅丞相に謀叛《むほん》ではないかと諫《いさ》められます。

一方で、斎世親王はある春の日、加茂堤《かものつつみ》で菅丞相の養女苅屋姫《ようじょかりやひめ》との逢瀬《おうせ》を楽しみます。しかしそれが見つかってはならないと、舎人《とねり》である桜丸《さくらまる》が追手《おって》を追い散らしているうちに、二人は落ち延びていきます。

筆法《ひっぽう》で一流を極《きわ》めた菅丞相は、その技《わざ》を伝授《でんじゅ》せよという勅命《ちょくめい》を受け、そのとき、御殿勤《ごてんづと》めをしている戸《と》浪《なみ》との不義《ふぎ》で主家《しゅけ》を追われ、勘当《かんどう》していた愛弟子《まなでし》の武部源蔵《たけべげんぞう》を呼び寄せます。筆法は源蔵に伝授《でんじゅ》されますが、菅丞相が太宰府《だざいふ》への流罪《るざい》を命じられたので、源蔵は菅丞相の子息《しそく》である菅秀才《かんしゅうさい》を連《つ》れて逃《に》げることにします。

〈二段目〉

菅丞相は太宰府へ流される途中《とちゅう》、伯母《おば》の覚寿《かくじゅ》の屋敷《やしき》に身を寄せます。そこへ苅屋姫《かりやひめ》が父に会いたいとやって来ますが、覚寿（姫の実母《じつぼ》）に杖《つえ》で打たれます。すると部屋《へや》の中から「折檻《せっかん》したもうな」という菅丞相の声。ところが部屋には丞相が自《みずか》ら刻《きざ》んだ一体《いったい》の木像《もくぞう》のみがありました。

夜もまだ明けぬころに、迎《むか》えとともに菅丞相は出発しますが、実はそれは時平方《しへいがた》が用意した偽《にせ》の迎えで、丞相を殺す計略《けいりゃく》でした。しかし、連れていかれたのは木像《もくぞう》で、菅丞相は助かります。

〈三段目〉

菅丞相に仕《つか》える白太夫《しらたゆう》には三つ子の男の子がいました。長兄《ちょうけい》の梅王丸《うめおうまる》は菅丞相に、松王丸《まつおうまる》は藤原時平に、桜丸《さくらまる》は斎世親王《ときよしんのう》に仕《つか》えています。しかし、時平の策略《さくりゃく》で菅丞相と斎世親王が失脚《しっきゃく》したために、その恨《うら》みを晴《は》らさんと、時平の牛車《ぎっしゃ》の前に梅王丸と桜丸が立ちふさがります。そこへ割って入ったのが松王丸で、忠《ちゅう》義《ぎ》の働きを見せようとしますが、車の中から時平が姿を現すと、その眼力《がんりき》によって動けなくなり、時平は松王丸の忠義に免《めん》じて助けてやると言い、兄弟は父親の七十の祝いでの再会《さいかい》を約束《やくそく》します。

三兄弟の父親白太夫が預《あず》かる菅丞相の下屋敷《しもやしき》の庭先《にわさき》には、丞相が愛した梅、松、桜の木が植《う》えられています。今日は白太夫の祝いの日で、梅王丸の女房《にょうぼう》の春、松王丸の女房の千代《ちよ》、桜丸の女房の八重《やえ》がその支度《したく》をしています。そこへやって来た梅王丸と松王丸は先日の恨《うら》みから喧嘩《けんか》となり、桜の枝を折ってしまいます。二人が去ったあとに姿を現した桜丸の目の前に、白太夫が差し出したのは腹切り刀《はらきりがたな》。自分が斎世親王と苅屋姫との恋を取り持ったばかりに、主人の丞相が謀叛《むほん》の汚名《おめい》を着せられたと考えていた桜丸は、桜の木が折れたように、すでに覚悟《かくご》を決めていました。

【本　題】

舞台《ぶたい》は寺小屋で、幕が開くと、涎《よだれ》くりと七人の子どもが机に向かって手習いをしています。少し離れた所では、菅秀才《かんしゅうさい》が同じように手習いをしています。

〽一字千金《いちじせんきん》二千金《にせんきん》、三千世界《さんぜんせかい》の宝《たから》ぞと、教《おし》える人に習《なら》う子の、中に交《まじ》わる菅秀才、武部源蔵夫婦《たけべげんぞうふうふ》の者、子ども集めて読み書きの、器用不器用清書《きよがき》を、顔に書く子と手に書く子、教える人は取りわけて、世話《せわ》を書くとぞ見えにける、中に年かさ五作《ごさく》の息子《むすこ》

涎《よだれ》くり　ほーれ、皆《みんな》、これ見や。お師匠様《ししょうさま》の留守《るす》の間《ま》に、手習《てなら》いするは大きな損《そん》。おれはな坊主頭《ぼうずあたま》の清《きよ》書《がき》した。

〽見せるは十五の涎くり、若君《わかぎみ》はおとなしく

菅秀才　一日に、一字学べば、三百六十字の教《おし》え。そんなこと書かずと、ほんの清書したがよい。

〽八つになる子に叱《しか》られて

涎くり　お師匠さんの子と思うて、偉《えら》そうなことを言うない。ませよ、ませよ。

子ども一　兄弟子《あにでし》に口過《くちす》ごす涎くり、

子ども皆《みな》　いがめて、こませ、こませ。

（子どもがワアワアと涎くりに近寄っていく。）

涎くり　やあ、お師匠様が帰《かえ》ってきたぞ。

（涎くりを追い出そうとしていた子どもたちがあわてて、それぞれの机について手習いをする。）

〽立ち帰る主《あるじ》の源蔵《げんぞう》、常《つね》に変わりて色青ざめ、内入《うちい》り悪く子どもを見廻《みまわ》し

（花道より源蔵がやって来ると、それを子ども達が出迎《でむか》える。）

源蔵　人は氏《うじ》より育《そだ》ちと言えど、繁華《はんか》な地と違い、いずれを見ても山家育《やまがそだ》ち。世話甲斐《がい》もなき役に立たず、習《なら》え、習え。

（子どもたちが机に戻《もど》り、再《ふたた》び手習いを始めると、奥《おく》から戸浪《となみ》が小太郎《こたろう》という子どもを連《つ》れて出て来る。）

〽思いあり気《げ》に見えければ、心ならずも女房立ち寄り

戸浪　お帰りなされませ。いつにない顔色も悪し。振《ふ》る舞《ま》いの酒機嫌《ささきげん》かは知らねども、山家育ちは知れてある。子どもの憎態口《にくてぐち》は聞こえも悪い。ことに今日は約束の寺入《てらい》りした子も来ておりまする。性《さが》ない人と思うも気の毒《どく》。機嫌直《きげんなお》して会《お》うてやって下さりませ。

〽小太郎連《つ》れて引き合わせど、差しうつむいて思案《しあん》の体《てい》。いたいけに手を支《つか》え

小太郎　お師匠様、今からお頼《たの》み申しまする。

〽言うに思わず振《ふ》り仰向《あおむ》き、キッと見るよりしばらくは、打ち守りいたりしが

源蔵　器量《きりょう》すぐれた気高《けだか》き生まれ。公卿高家《くげこうけ》の子息《しそく》と言うても、おそらくは恥《は》ずかしからず。そなたはよい子じゃなあ。

〽機嫌直れば、女房も

戸浪　何とよい子。よい弟子でござんしょうな。
源蔵　よいともよいとも、上々吉《じょうじょうきち》。して、名は何と申す。
戸浪　あい、小太郎と申しまする。
源蔵　なに、小太郎。して連《つ》れて来たは誰人《だれびと》じゃ。
戸浪　あい、母御《ははご》でござんす。
源蔵　して、その母御は、いずれへ参《まい》った。
戸浪　お前が留守《るす》ゆえ、その間《ま》にちょっと隣村《となりむら》まで行て来《こ》というてな。
源蔵　おお、それもよしよし大極上《だいごくじょう》、まず子どもらと奥《おく》へやり、機嫌よう遊《あそ》ばしてやれ。
戸浪　それ、皆、お暇《ひま》が出た。小太郎も奥へ行きゃ。
子ども皆　さあさあ、奥へ行って遊ぼう遊ぼう（子どもたちは机を片付けて奥へ入る。）。
〽後先《あとさき》見まわし、夫《おっと》に向かい
戸浪　もし、こちの人、最前《さいぜん》の顔色《かおいろ》は常《つね》ならぬ血相《けっそう》。合点《がてん》のいかぬと思うたところに、今またあの子を見て、打って変わっての機嫌顔《きげんがお》。なおもって合点いかず。これには様子《ようす》のありそうなこと。もし、様子聞かしてくださいませ。
〽問えば源蔵
源蔵　気遣《きづか》いなはず。今日、村の饗応《もてなし》と偽《いつわ》り、それがしを庄屋方《しょうやがた》へ呼び寄せしは、時平《しへい》が家来《けらい》春藤玄蕃《しゅんどうげんば》。今一人《ひとり》は菅丞相《かんじょうしょう》のご恩《おん》をきながら、時平に従う松王丸。こいつ病《や》みほうけながら検分《けんぶん》の役と見え、数百人にておっ取り巻き、汝《なんじ》が方《かた》に菅丞相の一子《いっし》菅秀才、わが子としてかくまう由《よし》、訴人《そにん》あって明白《めいはく》。急《いそ》ぎ首討《う》って渡《わた》すや否《いな》。踏《ふ》ん込み受け取ろうやと、のっぴきならぬ手詰《てづ》め。是非《ぜひ》に及《およ》ばず首討って渡そうと、請《う》け合《お》うた心はのう、数多《あまた》ある寺子《じし》のうち、いずれなりとも身代《みが》わりと、思うて帰る道すがら、あれかこれかと指折ってても、玉簾《たますだれ》の中《うち》の誕生《たんじょう》と、菰垂《こもだ》れの中での育ちとは似《に》ても似つかず、所詮《しょせん》ご運《うん》の末《すえ》なるかと、屠所《としょ》の歩みで帰りしが、今、あの寺入りの子を見れば、まんざら烏《からす》を鷺《さぎ》とも言われぬ器量。いったん身代わりとして欺《あざむ》き、この場さえ逃《のが》れたれば、すぐに河内《かわち》へお供《とも》する所存《しょぞん》。今しばらくが大事《だいじ》の場所。

〽語れば女房

戸浪　待《ま》たんせ。その松王という奴《やつ》は、三つ子のうちの悪者《わるもの》。若君《わかぎみ》の顔、よう見知っていましょうぞや。

源蔵　ささ、そこが一《いち》か八《ばち》か。生《い》き顔《がお》と死顔《しにがお》は相好《そうごう》の変わるもの。面差《おもざ》し似たる小太郎が首、よもや偽《にせ》とは思うまじ。よしまたそれとあらわれたらば、松王めを真っ二つ。残る奴ばら切って捨《す》て、叶《かな》わぬときには若君《わかぎみ》もろとも、死出三途《しでさんず》のお供《とも》と胸を据《す》えたが、ここに一つの難儀《なんぎ》と言うは、今にもあれ、小太郎が母、迎《むか》えに来たらば何とせん。この儀《ぎ》に当惑《とうわく》、差し当たったるはこの難儀《なんぎ》。

戸浪　そのことなら気遣《きづか》いあるな。女子同士《おなごどうし》の口先《くちさき》で、ちょぼくさ騙《だま》してみましょうぞ。

源蔵　いやいや、その手じゃいくまい。大事《だいじ》は小事《しょうじ》よりあらわるる。ことによったら母もろとも、

戸浪　ええ！

源蔵　若君には代えられぬわえ。

〽と言うに胸据え

戸浪　そうでござんす。気弱《きよ》うては仕損《しそん》ぜん。こりゃ鬼《おに》になって。

〽互いに顔を見合わせて

源蔵　弟子子《でしご》と言わば、わが子も同然《どうぜん》。

戸浪　今日に限って寺入りした、あの子が業《ごう》か、母御《ははご》の因果《いんが》か、

源蔵　報《むく》いはこっちが火の車《くるま》、

戸浪　おっつけ廻《まわ》ってきましょうわいな。

〽妻が歎《なげ》けば夫も目をすり

源蔵　せまじきものは、宮仕《みやづか》えじゃなあ。

〽ともに涙にくれいたる

百姓《ひゃくしょう》ども　お願いでございます。お願いでございます。

（源蔵が戸浪に目配《めくば》せをして、家の奥《おく》より菅秀才を連れ出して押入《おしい》れへ隠《かく》す。源蔵は神棚《かみだな》より巻物《まきもの》を取り、戸浪を連れて上手《かみて》へ進む。花道から玄蕃《げんば》が登場し、その後ろから駕籠《かご》が、そして百姓が八人連れ添《つ》って出てくる。）

〽かかるところへ春藤玄蕃《しゅんどうげんば》。首見る役は松王丸。病苦《びょうく》を助くる駕籠《かご》乗物。門口《かどぐち》に舁《か》き据《す》ゆれば、後には多《た》勢《ぜい》村の者、つき随《したご》うて

百姓一　お願い申し上げまする。皆、これにいまする者の子どもが手習いに参っておりまする。

百姓二　もし取り違えて首討《う》たれては、取り返しがなりませぬ。

百姓三　ようお改《あらた》めなされた上《うえ》、
百姓四　お戻《もど》しなされて下さるよう、
百姓皆《みな》　お願いでござりまする。
〽願えば玄蕃
玄蕃　やあ、かしましい蝿《はえ》虫めら。うぬらが餓鬼《がき》のことまで身どもが知ったことか。勝手次第《かってしだい》に連《つ》れ失《う》しょう。
〽叱《しか》りつくれば松王丸
松王丸　（駕籠の中から）やれ、しばらく、お待ちなされ、玄蕃殿。
〽駕籠より出《い》ずるも刀を杖《つえ》
松王丸　（刀を杖にして駕籠から出てくる）はばかりながら彼らとて油断《ゆだん》はならぬ。病中《びょうちゅう》ながら拙者《せっしゃ》めが、検分《けんぶん》の役勤《つと》むるも、他に菅秀才の顔見知りし者なきゆえ。今日《きょう》の役目仕終《しおお》すれば、病身《びょうしん》の願い、お暇《いとま》下さるべしと、ありがたき御意《ぎょい》の趣《おもむ》き。疎《おろそ》かにはいたされず。菅丞相の所縁《ゆかり》の者をこの村へ置くからは、百姓どももぐるになって、めいめいが倅《せがれ》にしたて、助けて帰る術《て》もあること。こりゃやい、百姓めら、ざわざわと抜《ぬ》かさずと、一人《いちにん》ずつ呼び出せ。面《つら》改めて戻《もど》してくりょう。
〽退引《のっぴ》きさせぬ釘鎹《くぎかすがい》、打てば響《ひび》けのうちには夫婦、かねての覚悟《かくご》も今更《いまさら》に、胸とどろかすばかりなり。表はそれと白髪《しらが》の親父《おやじ》、門口《かどぐち》より声高《こわだか》に
百姓一　長松《ちょうまつ》よ、長松よ。

〽呼び出せば、アッと答えて出て来るは、わんぱく顔に墨《すみ》べったり。似ても似つかぬ雪《ゆき》と炭《すみ》。これではない
と赦《ゆる》しやる

百姓二　これよ、岩松《いわまつ》はいぬか。

〽と呼ぶ声に、祖父様《じさま》なんじゃと、はしごくで、出て来る子どもの頑是《がんぜ》なき、顔は丸顔《まるがお》木みしり茄子《なすび》。詮議《せんぎ》
に及ばぬ、連れ失《う》しょと睨《にら》みつけられ

百姓二　おお恐《こわ》、嫁《よめ》にも食わさぬこの孫を、命の花落ち、逃《のが》れました。

〽祖父《じい》が抱《かか》えて走り行く。次は十五の涎《よだれ》くり

百姓三　ぼんよ、ぼんよ。

〽と親父が手招き

（奥より涎くりが出て来る。捨て台詞《ぜりふ》があって、玄蕃の前へやって来る、玄蕃が涎くりの頭を打つと、涎
くりは泣き出し、花道《はなみち》の七三《しちさん》のところにいる百姓三のところへ。ここで色々と趣向《しゅこう》を凝《こ》らしたおかしなやり
取りがあって、）

百姓三　おお、泣くな泣くな、おんぶしてやろう

涎くり　父《とと》よ、ここから抱《だ》かれて去《い》のう。

〽干鮭《ほしざけ》を猫撫《ねこな》で親がくわえ行く

百姓四　私が倅《せがれ》は器量よし、お見違《みちが》え下さるな。

〽断《ことわ》り言うて呼び出すは、色白々《しろじろ》と瓜実顔《うりざねがお》。こいつ胡乱《うろん》とひっ捕《と》らえ、見れば首筋真っ黒々《くろくろ》。墨《すみ》か痣《あざ》かは

知らねども、こいつでないと突《つ》き放す。その他、山家奥在所《やまがおくざいしょ》の、子ども残らず呼び出して、見せても見せても似ぬこそ道理《どうり》。土が生ましたはかり芋《いも》。子ばかりよって立ち帰る

玄蕃　いざ松王丸。

松王丸　まずまず。

〽すわ身の上と源蔵も、妻の戸浪も胸を据《す》え、待つ間ほどなく入《い》り来る両人。

（玄蕃と松王の二人が家の中へ入る。捕《と》り手はその後ろへ居並《いなら》ぶ。）

玄蕃　やい、源蔵。最前《さいぜん》、この玄蕃が目の前で、討《う》って渡《わた》そうと請《う》け負《お》うた菅秀才が首。いざ、受け取ろう。

〽早く渡せと手詰《てづ》めの催促《さいそく》。ちっとも臆《おく》せず

源蔵　かりそめならぬ右大臣家《うだいじんけ》の若君《わかぎみ》、掻《か》き首、ねじ首にもいたされず、しばしの間ご容赦《ようしゃ》を。

松王丸　やあ、その手は食《く》わぬ。しばしの容赦と暇《ひま》取らせ、逃《に》げ支度《じたく》いたしても、裏道《うらみち》へは数百人を付け置きたれば、蟻《あり》の這《は》い出《ず》るところもない。また生《い》き顔《がお》と死顔《しにがお》とは相好《そうごう》の変わるなぞと、身代《みが》わりの偽首《にせくび》、それも食《た》べぬ。古手《ふるて》なことして後悔《こうかい》すな。

〽言われてグッとせき上げて

源蔵　やあ、いらざる馬鹿念《ばかねん》。病《や》みほうけたる汝《なんじ》が目玉《めだま》がでんぐり返《かえ》り、逆《さか》さ眼《まなこ》で見ようは知らず、まぎれもなき菅秀才の首、追っ付け見しょう。

松王丸　その舌《した》の根《ね》の乾《かわ》かぬうち、早く討《う》て。

〽玄蕃が権柄《けんぺい》。ハッとばかりに源蔵は、胸を据《す》えてぞ入《い》りにける

（源蔵が首桶《くびおけ》を抱《かか》えて奥《おく》へ入っていく。）

〽そばに聞き入る女房は、ここぞと大事《だいじ》と心も空《うつろ》、検使《けんし》は四方八方《しほうはっぽう》に、眼を配《くば》る中にも松王丸、机文庫《つくえぶんこ》の数を見廻《みまわ》し

松王丸　やあ、合点《がてん》のいかぬ。先立って帰った餓鬼《がき》らは以上八人、机の数が一脚《いっきゃく》多い。その倅《せがれ》は何処《どこ》にいる。

戸浪　いや、こりゃ、今日、はじめて寺……。

松王丸　なに。

戸浪　いえ、あの、寺参《てらまい》りした子がござります。

松王丸　な、なにを馬鹿《ばか》な。

戸浪　おお、それそれ、これがすなわち菅秀才様のお机文庫。

〽木地《きじ》を隠した塗机《ぬりづくえ》、ざっと裁《さば》いて、言い抜ける

松王丸　何にもせよ、暇《ひま》取らすが油断《ゆだん》の元。

玄蕃　げに、もっとも。

〽玄蕃もろとも突っ立ち上がる。こなたは手詰《てづ》め命の瀬戸際《せとぎわ》。奥にはバッタリ首討《う》つ音

（源蔵が奥より首桶を抱《かか》えて出て来る。）

〽武部源蔵白台《しらだい》に、首桶《くびおけ》のせて静々《しずしずい》出でて、目通《めどお》りに差し置き

源蔵　（奥より首桶を抱えて出て来て、それを松王丸の前に置き）是非《ぜひ》に及ばず、菅秀才の御首《おんくび》討ち奉《たてまつ》る。いわば大切《たいせつ》な御首。性根《しょうね》をすえて、さあ松王丸、しっかりと検分《けんぶん》いたせよ。

〽忍《しの》びの鍔元寛《つばもとくつろ》げて、虚《きょ》と言わば斬《き》りつけん、実《じつ》と言わば助けんと、かたずを飲んで控《ひか》えいる

松王丸　なに、これしきに性根どころか、今、浄玻璃《じょうはり》の鏡《かがみ》にかけ、鉄札《てっさつ》か、

玄蕃　金札《きんさつ》か。

松王丸　地獄《じごく》、

玄蕃　極楽《ごくらく》の境《さかい》。

松王丸　それ、源蔵夫婦を取り巻き召《め》され。

捕手《とりて》　ハッ、動くな。（捕手が夫婦を取り巻く。）

〽かしこまったと捕手の人数、十手《じって》振り上げ立ちかかる。女房戸浪も身を固め、夫はもとより一生懸命《いっしょうけんめい》

源蔵　さあ、実検《じっけん》せよ。

〽と言う一言《いちごん》も命がけ、後ろは捕手、向こうはくせ者。玄蕃は始終《しじゅう》眼を配《くば》り、ここぞ絶体絶命《ぜったいぜつめい》と、思ううちはや首桶引き寄せ、蓋《ふた》引き開くれば、首は小太郎《こたろう》。偽《にせ》と言うたらひと討《う》ちと、はや抜《ぬ》きかける。戸浪は祈《き》願《がん》、天道《てんどう》様、仏神《ぶつじん》様、憐《あわれ》み給《たま》えと女の念力《ねんりき》。眼力《がんりき》光らす松王丸が、ためつすがめつうかがい見て

松王丸　こりゃ菅秀才の首に相違《そうい》ない。相違ござらぬ。でかした源蔵、よく討《う》った。

〽言うにびっくり源蔵夫婦、あたりキョロキョロ見合わせり。検使の玄蕃は検分のことば証拠《しょうこ》に

玄蕃　でかした源蔵、よく討った。褒美《ほうび》には匿《かくも》うた科《とが》、赦《ゆる》しくれる。片時《へんし》も早く、時平公へお目にかけ

ん。

松王丸　いかさま。暇《ひま》取ってはお咎《とが》めもいかが。拙者はこれよりお暇賜《いとまたまわ》り、病気保養《ほよう》のいたしたい。

玄蕃　役目は済んだ。勝手次第《かってしだい》よ。

松王丸　しからば御免《ごめん》。

〽と松王丸は、駕籠《かご》に揺《ゆ》られて立ち帰る

（駕籠に乗った松王丸は下手《しもて》へ。玄蕃は首桶を持ち、門口《かどぐち》へ。）

玄蕃　やい源蔵。日頃は忠義《ちゅうぎ》忠義と口に言えど、うぬが身体《からだ》に火がつけば、主《あるじ》の首をも討つじゃまで。はてさて、命は惜《お》しいものだなあ。ハハハハハ。

〽玄蕃は館《やかた》へ。五色《ごしき》の息《いき》を一時《いっとき》に、ほっと吹き出すばかりなり。胸撫《な》でおろし源蔵は、天を拝《はい》し、地を拝し

（玄蕃が花道までやってくると、捕手はそのあとを着いて行く。源蔵と戸浪は門口を締めて、押入《おしい》れを開けて菅秀才を上手《かみて》の一間《ひとま》へ連れて行く。源蔵は水をひと口飲むとむせる。）

源蔵　ありがたや、かたじけなや。凡人《ぼんじん》ならぬ若君《わかぎみ》の、ご聖徳《せいとく》あらわれて、松王めが眼霞《かす》み、若君と見定《みさだ》めて帰りしは、天成不思議《てんせいふしぎ》のなすところ。ご寿命《じゅみょう》は万々歳。喜《よろこ》べ女房。

戸浪　いえもう、大抵《たいてい》のことじゃござんせぬ。松王めが目の玉へ、菅丞相が入ってござったか。ただしは御首《おんくび》が黄金仏《おうごんぶつ》ではなかったか。似たと言うても瓦《かわら》と黄金《こがね》、宝の花の御運開《ごうんひら》き。あんまり嬉《うれ》しゅうて、涙《なみだ》がこぼれるわいなあ。

〽ありがたや尊《とうと》やと、喜《よろこ》び勇《いさ》む折柄《おりがら》に、小太郎が母、息せきと、迎《むか》いと見えて門の戸叩《だた》き

千代　お頼み申します。私は最前《さいぜん》、寺入りした子の母でござりまする。只今《ただいま》ようよう帰りました。どうぞお開《あ》けなされて下さりませ。
源蔵　ただいま開けます。
千代　これはまあ、御師匠《おししょう》様でござりまするか。
源蔵　手前が武部源蔵でござる。まずお入り下され。
千代　さようなれば、ご免《めん》なされてくださりませ。最前《さいぜん》は悪《わる》さをお頼《たの》み申しまして、いかいお世話でござりましょう。して、小太郎はいずれにおりまするか。
源蔵　奥《おく》で子どもらと遊んでおります。
千代　あの、小太郎は奥で遊んでおりまするか。さようなれば、もう日暮《ひぐ》れにもなりますゆえ、連《つ》れて戻《もど》りましても大事《だいじ》ござりませぬか。
源蔵　ご遠慮《えんりょ》のう、連れてお帰りなされ。
千代　さようなれば連れて帰りましょう。小太郎や、小太郎。
(奥へ行きかけると、源蔵が後ろより刀を抜きかける。千代が振り返ると、源蔵と顔を見合わせるので、源蔵は刀を隠す。)
千代　ホホ、
源蔵　ハハ、
千代　ホホ、

源蔵　ハハ、

両人　ホホ、ハハハハハ。

千代　さようなれば、連れて戻《もど》りまする。小太郎や、小太郎や。

〽ずっと通るを後《うし》ろより、ただ一討《ひとう》ちと斬《き》りつくる。女も知れもの引ッ外《はず》し、逃《に》げても逃がさぬ源蔵が、

刃《やいばするど》鋭く斬りつくるを、わが子の文庫《ぶんこ》でハッシと受け止め

（源蔵が後ろから斬りつけると、千代はわが子の文庫で受け止める。するとその中から経帷子《きょうかたびら》に六字の幡《はた》が出てくる。）

千代　若君菅秀才様のお身代《みが》わり、お役に立てて下さったか。ただしはまだか。さあ、さあ、さあ、様子《ようす》が聞きたい。

〽言うにびっくり

源蔵　してして、それは得心《とくしん》か。

千代　あい。得心なりゃこそ、経帷子《きょうかたびら》に六字の幡《はた》。

源蔵　して、そこもとは何人《なんぴと》のご内証《ないしょ》。

〽尋《たず》ぬるうちに門口《かどぐち》より

（松王丸が門口まで現れて、短冊《たんざく》を付けた松の枝を家の内に投げ込む。それを源蔵が取って見て、）

源蔵　梅は飛び、桜は枯《か》るる世の中に、

松王丸　何とて松のつれなかるらん。女房喜《よろこ》べ、倅《せがれ》はお役に立ったわやい（と家の中へ入る）。

源蔵　おのれ松王。
（と斬りつけるのを引き外《はず》し、）
松王丸　源蔵殿、先刻《せんこく》は段々《だんだん》。
〽夢かうつつか夫婦かと、あきれて言葉もなかりしが、武部源蔵威儀《いぎ》を正《ただ》し
源蔵　これまで敵《かたき》と思いし松王、打って変わりし所存《しょぞん》はいかに、
〽と尋《たず》ぬれば
松王丸　そのご不審《ふしん》はごもっとも。ご存《ぞん》じの通り、われわれ兄弟三人は、めいめい別れてのご奉公《ほうこう》。情けなやこの松王は時平公に従い、親兄弟とも肉縁《にくえん》切り、ご恩を受けた丞相《じょうしょう》様に敵対《てきたい》。主命《しゅうめい》とは言いながら、これ皆この身の因果《いんが》。なにとぞ主従の縁《えん》切らんと、詐病構《さびょうかま》え暇《いとま》の願い。菅秀才の首を見たらば暇やらんと、今日の役目。よもや貴殿《きでん》が討ちはせまい。なれども身代わりに立つべき一子《いっし》なくば、いかがせん。ここぞご恩の報ずるときと、女房千代と言い合わせ、二人《ふたり》が仲の倅《せがれ》をば、先へ回してこの身代わり。机の数を改《あらた》めしも、わが子は来たかと心のめど。丞相様にはわが性根《しょうね》を見込み給《たま》い、何とて松のつれなかろうぞとの御歌《ぎょか》を、松はつれないつれないと、世上《せじょう》の口に、
〽かかる悔《くや》しさ
松王丸　推量《すいりょう》あれや、源蔵殿。倅がなくばいつまでも、人でなしと言われんに、持つべきものは子でござる。
〽言うに女房なおせきあげ

千代　持つべきものは子なりとは、あの子のためにはよい手向《たむ》け。思えば最前別れるとき、いつにない後《あと》追うたを、叱《しか》ったときのその悲しさ。冥土《めいど》の旅へ寺入りと、はや虫が知らせたか。隣《となり》村まで行くと言うて、道まで去《い》んでみたれども、子を、子を殺させによこしておいて、どうまあ家へ、去なるるものぞ。死顔《しにがお》なりとま一度見たさに、これ。

〽未練と笑うて下さんすな。包《つつ》みし祝儀《しゅうぎ》はあの子が香典《こうでん》、四十九日の蒸《む》し物まで、持って寺入りさすという、悲しいことが世にあろうか

千代　生まれも育ちも賤《いや》しくば、殺す心はあるまいに、

〽死ぬる子は眉目《みめ》よしと、美《うつく》しゅう生まれたが、可愛《かわい》やその身の不仕合《ふしあわ》せ

千代　何の因果《いんが》で疱瘡《ほうそう》まで、

〽しもうたことじゃとせきあげて、かっぱと伏して泣きければ、ともに悲しむ戸浪は立ち寄り

戸浪　最前連れ合いが、お身代わりと思いついた傍《そば》へ行きて、お師匠様、今からお頼み申し上げますると、言うたときのこと思い出だせば、他人のわしさえ骨身《ほねみ》が砕《くだ》ける。親御《おやご》の身ではお道理《どうり》でござりまする。

〽と涙《なみだ》添《ぞ》ゆれば

松王丸　いや、ご内証《ないしょ》、必ずお嘆《なげ》き下さるな。こりゃ女房、何でほえる。覚悟《かくご》したお身代わり、家で存分ほえたでないか。ご夫婦の手前もあること。泣くな泣くな、泣くなと申すに。いやなに、源蔵殿、申し付けてはおこしましたなれど、さだめて最期《さいご》の節《せつ》は未練《みれん》な死をばいたしたでござろうな。

源蔵　いやいや若君菅秀才のお身代わりと言い聞かすれば、潔《いさぎよ》う首差し伸べて、

松王丸　あの、逃《に》げ隠《かく》れもいたさずに、

源蔵　にっこりと笑《わろ》うて、

松王丸　なに、笑いましたか。こりゃ女房、笑うたといやい。ムハハハハ、でかしおりました。利口《りこう》な奴《やつ》、立派《りっぱ》な奴、健気《けなげ》な。八つや九つで、親に代わって恩送《おんおく》り。お役に立つは孝行者、手柄《てがら》と思うにつけ、

〽思い出だすは桜丸

松王丸　ご恩も送らず先立ちし、さぞや草葉《くさば》の陰《かげ》よりも、羨《うらや》ましかろ、けなりかろ。倅がことを思うにつけ、桜丸が不憫《ふびん》でござる。不憫でござる。桜丸、桜丸……。源蔵殿、ごめん下され。

〽さすが同腹同姓《どうふくどうしょう》を、忘《わす》れ兼《か》ねたる悲嘆《ひたん》の涙

（松王丸が大泣きする。）

このあとの展開

菅丞相《かんじょうしょう》は三つ子の父親である白太夫《しらたゆう》の世話を受けながら、大宰府《だざいふ》で過ごしていましたが、訪《たず》ねてきた梅王丸から時平《しへい》が帝位《ていい》を奪《うば》おうとしているという謀略《ぼうりゃく》を聞くと、すさまじい怒《いか》りを見せ、雷《いかずち》となって都《みやこ》の空へ向かい、時平の野望《やぼう》を砕《くだ》きます。

●作品の背景●

初演は延享《えんきょう》三年（一七四六）八月の大坂竹本座で、初代竹田出雲《たけだいずも》、竹田小出雲《たけだこいずも》、三好松洛《みよししょうらく》、初代並木千柳《なみきせんりゅう》の合作《がっさく》です。舞台は平安時代で、右大臣菅原道真《うだいじんすがわらのみちざね》の失脚事件《しっきゃく》（昌泰の変《しょうたいへん》）を軸《じく》にして、道真の周囲の人々の生き様《ざま》を描《えが》いています。

現在では、ここで紹介した『寺子屋』の段《だん》が演じられることが多く、近年では松本幸四郎《まつもとこうしろう》改《あらた》め二代目松本白鸚《まつもとはくおう》の松王丸の名演《めいえん》が評判《ひょうばん》を呼びました。

この物語の一つのテーマに「忠義《ちゅうぎ》」があります。主君《しゅくん》に対し、真心《まごころ》を尽《つ》くして仕《つか》える様子で、今の世の中ではあまり見られなくなった日本人の精神ですが、源蔵は菅丞相との関係が悪くなっても、それは自分の責任であり、丞相から受けた恩は忘れず、追われる身となっている丞相の息子・秀才をわが身を持ってしても守り通そうとします。

一方で松王丸は、今は菅丞相の政敵《せいてき》藤原時平に仕えてはいますが、あらすじでも触れたように真の心は兄弟の梅王丸と桜丸と同じく、丞相の側にあります。自分の子どもを犠牲《ぎせい》にしてまで……と思われるかも知れませんが、忠に報《むく》いるためにはそれも止むを得ぬことであり、小太郎もまた普段からその事を父から聞かされており、武士《ぶし》の子としての親に対する忠義を果たし、その最期の瞬間《しゅんかん》には、「にっこりと笑って」覚悟《かくご》を決めていることがわかります。

そうした登場人物の心の動きと行動を理解しながら、この作品に迫《せま》ってみて下さい。

知っておきたい用語集

讒言《ざんげん》　ある人に対して事実を曲げたり、ありもしない事柄《ことがら》をつくり上げたりして、その人のことを目上の人に悪く言うこと。
勘当《かんどう》　親が子との縁《えん》（親子の関係）を切ること。
正室《せいしつ》　身分の高い人の正妻《せいさい》（正式な妻）。本妻《ほんさい》。
舎人《とねり》　皇族《こうぞく》や貴族《きぞく》に仕《つか》えて、雑務《ざつむ》を行った下級官人。
渤海国《ぼっかいこく》　中国、東北地方の南東部から朝鮮半島北部にかけて存在した国家（六九八〜九二六）。
謀反《むほん》　時の為政者《いせいしゃ》（支配者）にさからって兵を起こすこと。
逢瀬《おうせ》　会うとき。特に、愛し合う男女がひそかに会う機会。
筆法《ひっぽう》　筆の用い方や運び方。また、文章の書き方。表現の方法。
勅命《ちょくめい》　天皇の命令。みことのり。
不義《ふぎ》　人として守るべき道にはずれること。また、その行い。
流罪《るざい》　罪人《ざいにん》を辺地《へんち》（都から遠く離《はな》れたところ）や島に送る刑。死罪に次いで重い刑。流刑《るけい》。
三千世界《さんぜんせかい》　広い世間《せけん》。
ませよ　「ませる」の命令形で、子どもが年のわりに大人びた言動をすること。
口過《くちす》ごす
→口を過ごす　生計《せいけい》を立てる。ここでは余計《よけい》なことをしゃべること。
いがめる
→いがむ　ひどい目にあわせる。いためつける。
こます　与える。やる。〜してやる。
内入《うちい》り　外出から帰って家に入ること。また、その際の機嫌《きげん》。
氏《うじ》より育《そだ》ち　人は家柄や身分よりも、育った環境やしつけのほうが人間の成《なり》に強い影響を与えるということ。
憎態口《にくてぐち》　憎らしいものの言い方。にくまれぐち。
性《さが》ない　性格がよくない。ひねくれて、いじわるで、手におえない。

上々吉《じょうじょうきち》　この上なくよいこと。特に、縁起《えんぎ》などがきわめてよいこと。

庄屋《しょうや》　江戸時代の一つの村の長。主として関西での呼び名。関東では名主《なぬし》という。

検分《けんぶん》　立ち会って検査すること。状況を査察《ささつ》すること。みとどけること。取り調べること。見分。

訴人《そにん》　訴《うった》え出た人。告訴人《こくそにん》。

屠所《としょ》**の歩**《あゆ》**み**

→屠所の羊の歩《あゆ》**み**　家畜《かちく》を食肉用に解体、加工する屠所にひかれていく羊のように、力のないノロノロとした歩み。刻々《こくこく》と死に近づいていくことのたとえ。

玉簾《たますだれ》　玉で飾《かざ》ったすだれ。また、すだれの美称《びしょう》。ここでは宮殿で用いるすだれ（御簾《みす》）を指している。

菰垂れ《こもだれ》　菰（むしろ）を掛けたような貧しい住まい。

烏《からす》**を鷺**《さぎ》**とも言われぬ**

→烏を鷺　理を非に、非を理に言いくるめることをたとえていうことば。不合理《ふごうり》を押し通すこと。黒を白ということ。鷺を烏。

相好《そうごう》　顔かたち。表情。

ちょぼくさ　口先でうまく言いくるめるさま。こそこそとささやき合うさま。

せまじきものは、宮仕え《みやづかえ》

→すまじきものは宮仕え　人に仕《つか》え、人に使われる立場は、できればしないに越したことはない。

かしましい　耳障《みみざわ》りでうるさい。やかましい。

釘鎹《くぎかすがい》　釘と鎹。転じて、物事をつなぎ留めるもの。

木みしり茄子《なす》

→木毟茄子《きみしりなすび》　時季《じき》が過ぎて、根こぎにした枝からむしりとった、味の悪い小さい茄子。

胡乱《うろん》　正体《しょうたい》の怪《あや》しく疑《うたが》わしいこと。確かでないこと。真実かどうか疑わしいこと。

掻き首《かくび》　首をかき切ること。また、その首。

ねじ首　首を手でねじ切ること。手で首をねじって殺すこと。また、その首。

古手《ふるて》　古くから用いられていて、新鮮味のないこと。ごくありふれていること。

鍔元《つばもと》

→鍔際《つばぎわ》　刀身《とうしん》が鍔に接するところ。つばもと。物事のせっぱつまった状態。せとぎわ。

浄《じょう》玻璃《はり》の鏡《かがみ》　地獄の閻魔庁《えんまのちょう》にあって、死者の生前の善悪の所業《しょぎょう》を映《うつ》し出すという鏡。

鉄札《てつさつ》　地獄の閻魔庁で、浄玻璃の鏡にかけて、善人と悪人とを見分け、悪人ならその名を記《しる》して地獄に送るという鉄製の札《ふだ》。

金札《きんさつ》　地獄の閻魔庁で、浄玻璃の鏡にかけて、善人と悪人とを見分け、善人ならその名を記して極楽《ごくらく》に送るという金製の札。

いかさま　確《たし》かに。いかにも。

聖徳《せいとく》　聖人の、世のすみずみにまで及ぶすぐれた智《ち》徳《とく》。高徳。

天成《てんせい》　天のなしたわざ。人力によらないで自然にできあがること。

悪さ　いたずらっ子。わんぱくな子ども。

いかい　大きい。大層《たいそう》。

得心《とくしん》　よくわかって承知《しょうち》すること。納得《なっとく》すること。

経帷子《きょうかたびら》　仏式で死者を葬《ほうむ》るとき、死者に着せる着物。薄い白麻《はくま》などでつくり、おくみや背に名号《みょうごう》・題目《だいもく》・真言《しんごん》などを書く。

六字《ろくじ》　六つの文字。特に南無阿彌陀仏《なむあみだぶつ》の六文字。六字の名号《みょうごう》。

詐病《さびょう》　病気でないのに病気であるとうそをつくこと。仮病《けびょう》。

疱瘡《ほうそう》
→天然痘《てんねんとう》　天然痘ウイルスによる伝染力の強い急性発疹性伝染病《はっしんせいでんせんびょう》の一つで、激しい全身症状と特有の水疱性《すいほうせい》発疹を主症状《しゅしょうじょう》とする。一九八〇年、ＷＨＯ（世界保健機関）により世界根絶《こんぜつ》が宣言《せんげん》された。

けなり　うらやましいこと。感動表現に用いる。

歌舞伎
文楽

義経千本桜より鮓屋の段
〈よしつねせんぼんざくら／すしやのだん〉

時代物
親子
兄弟
夫婦
復讐・仇討
忠義
才覚
人情
情愛

●作品のポイント●

タイトルからすると、源　義経《みなもとのよしつね》が活躍《かつやく》する物語のように思えるかも知れませんが、源平《げんぺい》の合戦《かっせん》後、義経が兄の源　頼朝《みなもとのよりとも》に追われる身となり、都《みやこ》落ちをすることになるのをきっかけとして（前出『勧進帳』参照）、三位《さんみ》中将《ちゅうじょう》維盛《これもり》、新中納言《ちゅうなごん》知盛《とももり》、能登守《のとのかみ》教経《のりつね》の三人の平家方《へいけがた》の武将が実は生きていており、敗者が復《ふく》讐《しゅう》を果たすという壮大なストーリーです。

ここで紹介するのは、その三段目の切り（ラスト）に当たり、平家の若い公達《きんだち》である三位中将維盛が名を変えて、維盛の父平　重盛《たいらのしげもり》に恩義《おんぎ》のある下市村《しもいちむら》の釣瓶鮓屋《つるべすしや》弥左衛門《やざえもん》にかくまわれる場面です。そこへ鎌倉幕《かまくらばく》府《ふ》側（源氏方《げんじがた》）の梶原景時《かじわらかげとき》がやって来ることを知って、弥左衛門とその息子である無頼漢《ぶらいかん》のいがみの権太《ごんた》が、ある行動に出ます……。

それぞれが心の奥《おく》に抱《かか》え持つ思いを、どのような行動として表していくのか。登場する人々の本心を探り、そして、その心に迫《せま》りながら楽しんで下さい。

ここまでのあらすじ

〈初　段〉

源《みなもとの》　義経《よしつね》は平家を滅ぼしたあと、後白河《ごしらかわ》法皇に合戦《かっせん》の様子《ようす》を伝えます。兄頼朝《よりとも》との不和《ふわ》を知る側近《そっきん》は、法皇からの褒美《ほうび》として初音《はつね》の鼓《つづみ》を与えます。そこには兄を「打て」という意味がある訳です。

すると、堀川《ほりかわ》にある義経の館《やかた》に、鎌倉からの使者として川越太郎重頼《かわごえたろうしげより》が訪《たず》ねて来ます。川越は義経が謀反《むほん》を企《くわだ》ててはいないかと探《さぐ》りに来たのです。義経の正室《せいしつ》である卿《さと》の君《きみ》は平　時忠《たいらのときただ》の養女《ようじょ》であり、また、川越の娘であったことから、義経と川越との板ばさみとなり、苦しむあまり、義経へかかる疑いを晴らすために自害《じがい》をしてしまいます。そのとき、鎌倉方《かまくらがた》の土佐坊正尊《とさのぼうしょうぞん》らが攻《せ》めてきたことから、義経の家来《けらい》である武蔵坊弁慶《むさしぼうべんけい》が義経の制止を振り切り、その首を打ち落としてしまいます。そして、義経は鎌倉方と敵対《てきたい》するのを避けて落ち延びて行きます。

〈二段目〉

伏見稲荷《ふしみいなり》まで義経たちがやって来ると、愛妾《あいしょう》の静御前《しずかごぜん》も追いつきますが、義経は供《とも》をすることを許さず、形見《かたみ》として初音の鼓を与えて去っていきます。鎌倉方の追手《おって》はその静を捕《と》らえようとしますが、義経の家来である佐藤忠信《さとうただのぶ》が助けます。そこへ戻ってきた義経は忠信に静の供を言いつけますが、忠信の正体《しょうたい》は人間ではありませんでした。

西へ逃《に》げ延びる義経一行《いっこう》は、尼崎《あまがさき》の廻船問屋《かいせんどんや》渡海屋《とかいや》で九州へ向かう船を待っています。やがて一行が出発すると、渡海屋の主人銀平《ぎんぺい》が白装束《しろしょうぞく》に長刀《ながたな》を持った姿《すがた》で現れます。実は銀平は西海《さいかい》に沈《しず》んだ平知盛《たいらのとももり》で、船宿《ふなやど》を営《いとな》みながら義経に復讐《ふくしゅう》する機会《きかい》をうかがっていたのでした。

しかし義経はすでにその正体を見破《みやぶ》っており、義経は安徳帝《あんとくてい》の命を守ることを約束をします。すると知盛は碇《いかり》の綱を身体に巻き付けて海中へと姿を消していきます。

〈三段目〉

大和《やまと》の下市村《しもいちむら》の茶店《ちゃみせ》に、平家の武将維盛《これもり》が隠《かく》れ住んでいるというので、高野山《こうやさん》へ向かう、維盛の妻若葉《わかば》の内侍《ないし》と一子《いっし》の六代君《ろくだいのきみ》、そして家来の主馬小金吾《しゅめこきんご》がやって来ます。三人はその茶店で一人の男に言いがかりをつけられ、金をゆすり取られますが、平家《へいけ》の残党《ざんとう》と分かれば、鎌倉方に捕《と》らえられてしまうので我慢《がまん》をしています。その男は村で悪評《あくひょう》をとるいがみの権太《ごんた》という人物でした。

村はずれで小金吾は追っ手と乱戦《らんせん》となって討《う》たれてしまいますが、そこへやって来た下市村の鮓屋《すしや》の主人である弥左衛門《やざえもん》は、ある計画を思いつき、小金吾の首を打って持ち去って行きます。

【本　題】

平維盛は平家滅亡《めつぼう》の後、下市村の釣瓶鮓屋《つるべ》の主人弥左衛門のもとで、今は弥助《やすけ》という名でかくまわれています。鮓屋の娘であるお里は弥助に恋心《こいごころ》を寄せていますが、そこへ今は勘当《かんどう》されている、ならず者の兄いがみの権太が現れます。権太は母親を騙《だま》して金をもらいますが、父親が帰ってきたので、鮓桶《すしおけ》の中にそれを入れて、自分も姿を隠します。

弥左衛門は竹薮《たけやぶ》で、維盛の奥方《おくがた》である若葉《わかば》の内侍《ないし》の供であった小金吾の死骸《しがい》を見つけ、維盛の身代わりにしようと、権太と同じように鮓桶の中にその首を隠します。弥左衛門は若い頃、維盛の父重盛《しげもり》から命を救ってもらったので、その恩返しをしたいと思っていたのです。

するとそこへ、若葉の内侍とその息子《むすこ》である六代君が追っ手から逃《のが》れて鮓屋へとやってきます。さらにその後を追って、梶原景時《かじわらかげとき》が鮓屋へやってきたので、お里は維盛一家を隠居所《いんきょじょ》へ逃《に》がすことにします……。

舞台の下手《しもて》に鮓屋の棚《たな》があり、その前には帳場格子《ちょうばごうし》があり、門柱《もんちゅう》には「つるべすし」と書いてある看板《かんばん》が出ています。舞台の中央には戸棚《とだな》の内に錠前《じょうまえ》付きの箪笥《たんす》があります。

花道《はなみち》より宿《しゅく》役人が羽織袴《はおりはかま》の格好《かっこう》で登場し、店の門口《かどぐち》までやって来ます。

役人　これこれ、弥助の弥左衛門殿や、今、ここへ梶原様がお出《い》でになる。内をよく掃除《そうじ》しておかっしゃれ。よいか。

〽言い捨てて立ち帰る、人々はハッと泣く目もはれ、いかがはせんと、にわかの仰天《ぎょうてん》。お里は早速《さそく》に心付《こころづ》き

お里　まずまず親の隠居所、上市村《かみいちむら》へ早う早う。

弥助　実《げ》に、そのことは弥左衛門、われにも教え置きしかど、もはや開かぬ平家の運命《さだめ》。検使《けんし》を引き受

け、いさぎよう腹かっ切らん。
〽身ごしらえ、内侍《ないし》は押し止《とど》め
内侍　あ、もし、お待ち遊ばせ。この若のいたいけ盛《ざか》りを思《おぼ》し召《め》し、ひとまずここを。
〽無理やりに引き立て給《たま》えば、維盛も子に引かさるる後ろ髪《うしがみ》、是非《ぜひ》なくその場を落ち給《たま》う。ご運の程《ほど》ぞ危《あぶ》なけれ。様子《ようす》聞いたるいがみの権太《ごんた》、勝手口《かってぐち》より躍《おど》り出て
（弥助（実は維盛）と内侍が下手《しもて》へ退出《たいしゅつ》するのと入れ替わるように、権太が暖簾《のれん》口より、片肌《かたはだ》を脱《ぬ》ぎ、尻《しり》からげで登場する。）
権太　聞いた聞いた。お触《ふ》れのあった、内侍、六代、維盛弥助め、ふん縛《じば》って金にするのだ。
〽尻引っからげ駆《か》け出すを
お里　これ、待って下さんせ。これは私が一生の願い。兄さん、どうぞ見逃《みのが》して下さんせ。
権太　べらぼうめ、大金《たいきん》になる仕事だ。そこをどきゃあがれ！
〽すがるを蹴飛《けと》ばし張り飛ばし、最前置きし金の鮓桶《すしおけ》、これ忘れてはと引っさげて、後を慕《した》うて追うて行く
（お里を蹴《け》り倒《たお》した権太は花道を進むが、舞台へと戻ってきて、鮓桶を抱《かか》えて、花道を走り去っていく。）
お里　もし父さん、かかさん、早う来て下さんせ。
〽呼ばわる声に弥左衛門、母も共々《ともども》駆《か》け出《い》でて
弥左衛門　これ、娘、何事じゃ。
お里　最前、都《みやこ》から維盛様の御台《みだい》、若君、尋《たず》ねてさまよい、お出《い》であり、積もる話のその中へ、詮議《せんぎ》に来

ると知らせを聞き、お三方《さんかた》を上市村へお落とし申しましたわいな。

弥左衛門　そりゃでかした、でかした。

お里　根っからでかしはせぬわいな。落とし申したに情けない。兄さんが聞いていて、生け捕《いど》って褒美《ほうび》にすると、たった今、後追《あと》っかけて行ったわいなあ。

弥左衛門　なんじゃ、権太郎《ごんたろう》が後追っかけて。それやってなるものか。婆《ばば》、脇差《わきざし》を持って来い。

〽たしなむ脇差、腰《こし》にぼっ込みて、駆け出《い》だす

（弥左衛門は片肌《かたはだ》を脱ぎ、鉢巻《はちまき》をして尻《しり》っ端折《ぱしょり》をして花道へ向かうと、梶原景時一行と向かい合う。）

〽矢筈《やはず》の提灯《ちょうちん》、梶原平三景時《かじわらへいぞうかげとき》、家来数多《けらいあまた》に十手《じって》持たせ、道をふさいで

梶原　やあ老《お》いぼれめ、いずれへ参る。逃《に》ぐるとて、逃がそうや。

〽追っ取り巻かれて、ハッと吐胸《とむね》、先も気遣《きづか》い、ここも逃《のが》れず、七転八倒《しちてんばっとう》、心は早鐘《はやがね》。時に時つくばかりなり

軍兵《ぐんぺい》　下におろう。

梶原　やあ、こいつ横道者《おうどうもの》め。おのれに今日、維盛が事、詮議《せんぎ》いたせしところ、存ぜぬ知らぬと申し張る。そのままにして帰せしは、汝方《なんじがた》へ踏《ふ》ん込んで、ひそかに詮議いたさんため。この家《や》に維盛かくまいあること、所の者より地頭《じとう》へ訴《うった》え。早速、鎌倉へ早打ち、取るものも取りあえず来たれども、おのれを逃さぬためばかり。さあ首打って渡すか。ただし違背《いはい》に及ぶか。老《お》いぼれ、返事はどうだ。

〽責めつけられ、叶《かな》わぬところと胸を据《す》え

弥左衛門　なるほど、一旦《いったん》はかくまいませぬと申したなれど、あまり御詮議が厳しいゆえ、隠しても隠されず、はや先刻《せんこく》、首打ちましてござりまする。何を申すもここは端近《はしぢか》、まずこれへお通り下さりませ。

〽伴《とも》い入《い》れば母娘、どうなることと気遣《きづか》ううち、鮓桶引っさげ弥左衛門、しずしず出でて向こうに直し

弥左衛門　（首がそこへ入っているような心持ちで、鮓桶を前に出す）三《さん》位《み》中将《ちゅうじょう》維盛《これもり》の首、いざお受け取り下さりましょう。

〽蓋《ふた》を取らんとするところへ、女房《にょうぼう》駆《か》け寄り

母　ああ、これ親父殿、この中にはわしがちっと大事なものを入れておいた。こなさんがこれを開けてどうするのじゃ。

弥左衛門　いやいやいや、われの知ったことではない。この中には、最前、維盛様のお首を入れておいた。

母　いやいや、この中にはこなたに見せられぬものがあるのじゃ。

弥左衛門　ええ、おのれは何にも知らぬからじゃ。

母　いや、こなたが……。

梶原　巧《たく》んだな、こしらえたな。それ！

軍兵　ハッ、動くな。

〽縛《しば》れ、括《くく》れと下知《げち》の下《もと》、捕《と》った捕ったと取り巻くところに

権太　内侍、六代、維盛弥助、いがみの権太が生け捕ったり。

〽と呼ばわる声、ハッとばかりに弥左衛門、女房、娘も気は仰天《ぎょうてん》。いがみの権太はいかめしく、若君《わかぎみ》、内

侍を猿縛《さるしば》り、宙《ちゅう》に引っ立て目通りに、どっかと引き据《す》え

（権太は、自分の妻である小せんと子どもの善太《ぜんた》に、内侍と六代の衣装を着せ、猿轡《さるぐつわ》に後ろ手に縛り上げて、下手《しもて》に引き据える。）

権太　親父の売僧《まいす》が、三位維盛を熊野の浦《うら》より連《つ》れ帰り、道にて頭を剃《そ》りこぼち、青二才にして弥助と名を変え、この間からいやらしい婿穿鑿《むこせんさく》。生け捕って面恥《つらはじ》と思いのほか、手ごわい奴《やつ》、村の者の手を借りて、首にいたして持って参りました。御実検《ごじっけん》下さりまし。

〽蓋《ふた》押し開き、差し出せば、持ち眺《なが》め

梶原　維盛の首に相違《そうい》ない。聞き及んだいがみの権太。悪者《わるもの》と聞きしが、お上《かみ》へ対しては忠義《ちゅうぎ》の者。でかしたでかした。内侍、六代生け捕ったな。褒美《ほうび》には親の弥左衛門が命を助けてくりょう。

権太　ああ、もしもし。親父の命を助けてもらおうといって、命がけの働きゃあいたしやせん。

梶原　すりゃ、親の命を取られても褒美《ほうび》が欲しいか。

権太　はて、親の命は親とお掛《か》け合い下さいまし。私にはどうぞお金をお願い申します。

梶原　むむ、褒美《ほうび》くりょう、それ。

〽着《ちゃく》せし羽織《はおり》を脱いで、渡《わた》せば権太は仏頂面《ぶっちょうづら》

権太　こりゃ何だ。

梶原　その陣羽織《じんばおり》こそ、もったいなくも頼朝公のお召《め》し替え。何時《なんどき》なりと鎌倉へ持ち来たりなば、金銀と釣《つ》り替え、すなわち嘱託《そくたく》の合紋《あいもん》。

権太　なるほど。当節《とうせつ》、騙《かた》りが流行《はや》るによって、二重取りをさせぬ魂胆《こんたん》。はて、よくしたものでごぜえますねえ。そんなら縄《なわ》付きをお渡し申す。

〽縄付き渡せば受け取って、首を器《うつわ》に納《おさ》めさせ

軍兵　立とう。

梶原　こりゃ権太、弥左衛門一家の奴《やつ》ら、しばらく汝《なんじ》に預《あず》けたぞ。

権太　お気遣《きづか》いなされまするな。貧乏動《びんぼうゆる》ぎもさせることじゃあござりませぬ。

梶原　こいつ、小気味《こきみ》のよい奴だなあ、ハハハ。

〽誉《ほ》めそやして梶原平三、縄《なわ》付き引き立てて立ち帰る

権太　（門口《かどぐち》で後を見送り）ああ、もし、引き替えの褒美の金を忘れちゃいけませんぜ。お頼み申します。

（弥左衛門が腰に差してある刀を抜き、権太の脇腹《わきばら》へ突き立てる。）

〽見送る透《す》き間、油断《ゆだん》を見合わせ弥左衛門、憎《にく》さも憎しと引ん抱《かか》え、ぐっと突《つ》っ込む恨《うら》みの刃《やいば》。うんとのっけに反《そ》り返る。母は思わず駆《か》け寄って

母　（権太にすがりつき）こりゃ、やい、親の罰《ばち》思い知りおったか。

〽思い知れやと言いながら、先立つものは涙《なみだ》にて、伏《ふ》し沈《しず》みてぞ泣きいたる。弥左衛門、歯噛《はが》みをなし

弥左衛門　泣くな女房、何吠《ほ》える。こんな奴《やつ》を生け置けば、世界の人の大きな難儀《なんぎ》になるわえ。門端《かどばた》も踏《ふ》ますなと言いつけておいたに、ようも内へ引き入れ、大事の大事の維盛様を殺し、内侍様や若様をよう鎌倉へ渡しおったな。腹が立って、涙がこぼれて、胸が裂《さ》けるようじゃわい。三千世界《さんぜんせかい》に子を殺す親というのは

おのれ一人。あっぱれ因果《いんが》な手柄者《てがらもの》に、ようしおったな。

〽えぐりかけるも心は涙。いがみにいがみし権太郎、刃物《はもの》押《お》さえて

権太　とっつぁん、とっつぁん、これ、親父様。

弥左衛門　なんじゃ。

権太　こなたの知恵《ちえ》で維盛を助くることは、叶《かな》わぬ、叶わぬ。

弥左衛門　こりゃ、言うないやい、抜《ぬ》かしおるな。今日、幸いと別れ道のかたわらに手負いの死人、これ幸いの身代わりと首討って戻り、この中に隠し入れておいたわ。これを見おれ。

〽鮓桶《すしおけ》取って打ち開ければ、ガラリと出でたる三貫目《さんがんめ》

弥左衛門　（金が出て来たので驚《おど》いて）や、こりゃ金じゃ、こりゃどうじゃ。

〽あきれ果てたるばかりなり。手負いは顔を打ち眺《なが》め

権太　おいとしや、親父様。わたくしが性根《しょうね》が悪いゆえ、ご相談の相手もなく、前髪《まえがみ》の首を総髪《そごう》にして渡そうとは、了見違《りょうけんちが》えの危《あぶ》ねえ仕事。梶原ほどの侍《さむらい》が、弥助と言うて青二才の下男《げなん》に仕立ててあることを知らずに、討手《うって》に来ましょうか。それと言わぬはあっちも合点《がてん》。維盛様ご夫婦の路銀《ろぎん》にせんと盗んだ金。重いを証拠に取り違《ちが》えた鮓桶を、開けて見たれば中には首。ハッと思えどこれ幸い。月代《さかやき》剃《そ》って突《つ》きつけたは、とっつぁん、やっぱりお前の仕込みの首だ。

弥左衛門　その性根《しょうね》で、御台《みだい》様や若君様に縄《なわ》打って、なぜ鎌倉へ渡したのじゃ。

権太　ささ、そのお二人と見えたのは、この権太郎が、ありゃ女房、倅《せがれ》だ。

弥左衛門　して、お二人はいずくにござる。

権太　そのお二人に会わせましょう。おっかさん、この煙草《たばこ》入れの段口《だんぐち》に笛《ふえ》が入っているから吹いてくだせえ。

〽袖《そで》より出《い》だす一文笛《いちもんぶえ》。吹き立つれば、折よしと維盛卿、内侍は茶汲《ちゃく》みの姿となり、若君連《つ》れて駆《か》け付け給《たま》い

（下手《しもて》より維盛と、内侍と六代は小せんと善太の格好で現れる。）

維盛（弥助）　弥左衛門夫婦に一礼を……。権太郎には手を負いしか。

内侍　やや、手を負うたか。

〽母は手負いに取り付きて

母　常が常なら親父殿も、こうまでむごうはさっしゃるまいに、不憫《ふびん》なことをしたわいのう。

〽悔《く》やみ歎《なげ》けば権太郎

権太　そのお悔《く》やみはご無用《むよう》、ご無用。常が常なら梶原が、身代わり食うては帰りませぬ。まだそれさえも疑《うたご》うて、親の命を褒美にくりょう。かたじけないと言うにはや。詮議《せんぎ》に詮議をかける所存《しょぞん》。いがみに見たゆえ油断して、一杯《いっぱい》食うて帰りしは、禍《わざわい》も三年と……。

〈この間《かん》〉

父弥左衛門《やざえもん》の計略《けいりゃく》を知っていた権太が、自分の芝居の手を明かすと、そこへ維盛《これもり》たちが無事《ぶじ》な姿《すがた》を見せ

ます。この後、権太が褒美《ほうび》としてもらった頼朝公の陣羽織《じんばおり》に、維盛が恨《うら》みの一太刀《ひとたち》を入れると、羽織裏《うら》に維盛に出家《しゅっけ》を勧《すす》める袈裟《けさ》と数珠《じゅず》が入っていることに気付きます。頼朝もかつて、維盛の父親である重盛《しげもり》に命を助けられたことの恩返しをした訳で、弥左衛門と権太はすべて源氏側に策略《さくりゃく》を見抜かれていたことに気づかされます……。

弥左衛門　それならこれも、鎌倉の奴《やつ》らが仕業《しわざ》でござりましたか。
維盛　おお、言うにや及《およ》ぶ。右大将《うだいしょう》頼朝が威勢《いせい》にはびこる無得心《むどくしん》。一太刀《ひとたち》恨《うら》みぬ残念至極《ざんねんしごく》。
〽怒《いか》りにまじる御涙《おんなみだ》。実《げ》にお道理と弥左衛門、梶原が預《あず》けたる陣羽織を取り出《い》だし
弥左衛門　幸い頼朝が着替えとて、残し置きたる陣羽織。ずたずたに引き裂いても、ご一門の数には足らねど、一裂《さ》きずつ御手向《おたむ》け、さ、あそばしませ。
維盛　なに、頼朝が着替《きが》えとや。晋《しん》の予譲《よじょう》の例《ためし》を引き、衣《ころも》を裂いて一門の恨みを晴らさん。思い知れ。
〽御佩刀《おんはかせ》に手をかけて、羽織を取って引き上げ給《たま》えば、裏《うら》に模様《もよう》か、歌の下《しも》の句
維盛　「内やゆかしき、内ぞゆかしき」と、二つ並べて書いたるは、はて、心得《こころえ》ぬ。この歌は小町《こまち》が詠《えい》歌《か》。「雲の上はありし昔に変わらねど　見し玉垂《たまだれ》の内やゆかしき」とありけるを、その返しとて人も知ったるこの歌を、もののしゅう書いたるは心得ず。ことに梶原は和歌に心を寄せし武士《もののふ》。「内やゆかしき」は、この羽織の縫《ぬ》い目の内ぞゆかしき。
〽襟際《えりぎわ》、付け際、切り解《と》き、見れば内には袈裟念珠《けさねんじゅ》

維盛　（短刀で羽織の裏を切り解《と》くと、中から浄土《じょうど》の袈裟衣《けさごろも》と水晶《すいしょう》の珠《たま》が出てくる。）さもそうず、さもあらん。保元平治《ほげんへいじ》のその昔、わが父小松の重盛《しげもり》、池の禅尼《ぜんに》と言い合わせ、死罪《しざい》に極《きわ》まる頼朝を、命助けて伊東へ流人《るにん》。その恩報《おんほう》じに維盛を助けて出家《しゅっけ》させよとの鸚鵡返《おうむがえ》しか。敵ながらも、頼朝はあっぱれの大将……。

〽見し玉垂《たまだれ》の内よりも、心の内のゆかしさや

維盛　（衣を取り上げて）これとても、父重盛のお蔭《かげ》。ええ、かたじけない。

〽喜び給《たも》うは道理なる。人々はハッと喜び涙。手負《てお》いの権太は顔を振り上げて

権太　及ばぬ知恵で、梶原を謀《はか》ったと思いしに、あっちが何もみな合点《がてん》。思えばこれまで騙《かた》ったも、後は命を騙《かた》らるる。

〽種《たね》と知らざるあさましや。悔《く》やみに近き終わり際《ぎわ》。維盛卿もこれまでは

維盛　仏を騙《かた》り、輪廻《りんね》を離れず。離るるは、今、このとき。

〽もとどりふっつと切り給《たま》えば、内侍、若君、お里もすがり

（維盛がここで短刀でもとどりを切る。）

内侍　ともに尼《あま》とも姿《すがた》を変え、

お里　せめてはお宮仕《づか》えを、

両人　お許しまされて下さりませ。

〽願えど叶《かな》わず、打ち払い打ち払い

維盛　内侍は高雄《たかお》の文覚《もんがく》へ、六代がこと頼《たの》まれよ。お里は兄になり代わり、親への孝行、肝要《かんよう》なるぞ。

〽立ち出《い》で給《たま》えば、弥左衛門

弥左衛門　女中の供《とも》は年寄り役。

〽もろともに旅路《たびじ》の用意。手負いをいたわる母親が

母　ああ、これ、親父殿、権太郎が最期《さいご》も近し、死に目におうて下されいの。

弥左衛門　血を分けた倅《せがれ》を手にかけ、どう死に目に会わりょうぞ。死んだを見ては、ひと足も歩かるるものかいの。息あるうちに叶《かな》わぬまでも、助かることもあろうかと、思うがせめての力草《ちからぐさ》。止めるそなたが胴欲《どうよく》じゃわいの。

〽言うて泣き出す父親《てておや》に、母はとりわけ、娘はなお、不憫《ふびん》不憫と、維盛の首には輪袈裟《わげさ》、手に衣《ころも》、手向《たむ》けの文《もん》も阿耨多羅《あのくたら》

弥左衛門　三藐三菩提《さんみゃくさんぼだい》の門出《かどいで》に、

内侍　高雄、

維盛　高野《こうや》へ、

お里　引き分くる、

維盛　夫婦の別れ、

弥左衛門　親子の名残り。

〽手負いは見送る顔と顔。思いはいずれ大和路《やまとじ》や。吉野《よしの》に残る名物に、維盛弥助という鮓屋《すしや》。今に栄うる花

の里。その名も高く

（維盛は花道に、内侍と若君は弥左衛門とともに仮の花道へ。権太がそこに倒《たお》れるので、お里がわっとすがる……。）

この後の展開

〈四段目〉

吉野山の僧頭《そうず》、川連法眼《かわつらほうげん》は義経をかくまっています。そこへ佐藤忠信《ただのぶ》が訪ねてきますが、そのあとにやって来た静御前《しずかごぜん》が忠信を供《とも》に到着したとの知らせを受けます。義経は二人の忠信のどちらが本物か、静《しずか》に確かめさせます。静が初音《はつね》の鼓《つづみ》を打つと、鼓の音《ね》に聞き惚《ほ》れる忠信がおり、それに尋《たず》ねると実は鼓の皮にされた狐《きつね》の子で、親恋しさから人間に化《ば》けて静に付き従ってきたことを白状《はくじょう》します。義経がそんな狐を哀《あわ》れに思って鼓を与えると、狐忠信は喜び、鎌倉方に味方した僧が攻めてくることを知らせます。

吉野の山中で本物の佐藤忠信は狐忠信の助けを受け、義経を狙《ねら》う僧横川覚範《よこかわのかくはん》を追い詰めます。実はこの覚範は西海《さいかい》に沈《しず》んだはずの能登守教経《のとのかみのりつね》で、復讐《ふくしゅう》のために僧に姿を変えて吉野に潜《ひそ》んでいたのでした。

義経のはからいで、安徳帝《あんとくてい》は母の建礼門院《けんれいもんいん》のもとへ連れて行かれ、出家《しゅっけ》することとなり、千本桜が花盛りの吉野山で大団円《だいだんえん》を迎えます。

●作品の背景●

延享《えんきょう》四年（一七四七）十一月の大坂竹本座《たけもとざ》が初演の人形浄瑠璃《にんぎょうじょうるり》で、二代目竹田出雲《たけだいずも》、三好松洛《みよししょうらく》、並木千柳《なみきせんりゅう》の合作《がっさく》です。翌年にはこの三人で、先に紹介《しょうかい》した『菅原伝授手習鑑《すがわらでんじゅてならいかがみ》』を、さらにその翌年には『仮名手本忠臣蔵《かなでほんちゅうしんぐら》』（「忠臣蔵」の巻で取り上げています）を生み、この『義経千本桜』を加えて、義太夫《ぎだゆう》狂言《きょうげん》の三大名作と位置付けられています。

ここで紹介したのは、通称「鮓屋《すしや》の段」と呼ばれる場です。

一般的に用いられる「寿司《すし》」や「鮨《すし》」の字を使用しないのは、物語として描《えが》かれる当時は、現在のように鮮魚《せんぎょ》を使った寿司ではなく、鮎《あゆ》の腹に米を詰《つ》め、桶《おけ》に詰めて重しをかけ、自然発酵《はっこう》させた保存食である「なれずし」を示すからです。段中で、お里が弥助に女房顔をすると、「さすが鮓屋の娘とて、早い馴《な》れとぞ見えにける」と、馴れ馴れしい態度に「なれずし」を掛《か》けたものとして使われています。なお、寿司のことを「弥助《やすけ》」と呼ぶのは、この作品に由来《ゆらい》しています。

歌舞伎の舞台でもよく演じられる場面で、片岡仁左衛門《かたおかにざえもん》、尾上菊五郎《おのえきくごろう》といったベテラン俳優が、弥左衛門であったり、梶原景時や平清盛、さらにいがみの権太といった役を演じたりと、その時代の名優《めいゆう》の名演が話題を呼ぶ作品です。

知っておきたい用語集

三位《さんみ》　位階（地位や身分の序列《じょれつ》）の第三等。また、その位の人。

公達《きんだち》　親王《しんのう》や諸王《しょおう》など皇族《こうぞく》の人々。

釣瓶鮓《つるべすし》　奈良の吉野川《よしのがわ》でとれた鮎《あゆ》を酢《す》でしめ、その腹に飯を詰め、井戸で使う釣瓶形の桶《おけ》に入れて押したもの。奈良県下市《しもいち》町の名産。

無頼漢《ぶらいかん》　無頼（無法な行いをすること）な男。ならず者。ごろつき。

正室《せいしつ》　身分の高い人の正妻《せいさい》（正式な妻）。本妻《ほんさい》。

伏見稲荷《ふしみいなり》　京都府京都市伏見区深草《ふかくさ》にある神社。全国にある稲荷神社の総本社。

愛妾《あいしょう》　お気に入りの妾《めかけ》（正妻《せいさい》のほかに愛し養《やしな》う女性）。

廻船問屋《かいせんどんや》　江戸時代に廻船（大型貨物船）を所有し、物資輸送を業とした海運業者。輸送だけでなく物資の売買も兼《か》ねた。

安徳帝《あんとくてい》

→安徳天皇《あんとくてんのう》　一一七八～八五。第八十一代天皇（在位一一八〇～八五）。高倉天皇の第一皇子《おうじ》。母は平徳子《たいらのとくし》（建礼門院《けんれいもんいん》）。平清盛《たいらのきよもり》の後押しにより三歳で即位。壇ノ浦《だんのうら》の戦いで平氏《へいし》が敗れた際に母に抱かれて入水《じゅすい》（身を投げた）した。

内侍《ないし》　近代以前の女性の官職の一つ。

帳場格子《ちょうばごうし》　商店などで、帳場のかこいに立てる低い衝立《ついたて》格子（細い木を縦・横に間をすかして組んだもの）。

宿役人《しゅくやくにん》　江戸時代、五街道《ごかいどう》などの宿駅《しゅくえき》で、人馬《じんば》の継《つ》ぎ立《た》てや休泊《きゅうはく》などの業務に従事した役人。

検使《けんし》　事実を見届けるために派遣《はけん》される使者。実検使。

暖簾口《のれんぐち》　歌舞伎の大道具の一つ。室内の正面奥《おく》に設けた暖簾がかかっている出入口。

べらぼうめ　人をののしっていう語で、ばか者。

御台《みだい》

→御台所　身分の高い人の妻。

詮議《せんぎ》　罪人《ざいにん》を取り調べること。また、罪人を捜索《そうさく》すること。評議《ひょうぎ》して明らかにすること。その評議。

矢筈《やはず》の提灯《ちょうちん》　矢筈とは掛《か》け軸《じく》などを掛ける際に用いる先が二股《ふたまた》になった棒のことで、ここでは矢筈に掛けて捕物《とりもの》を行うための灯《あか》りとした提灯のこと。

吐胸《とむね》

→と胸を突《つ》く　どきっとする。びっくりする。

横道者《おうどうもの》　人間としての正しくまっとうな道から外《はず》れている者。

早打《はやう》ち　馬や駕籠《かご》を走らせて急を知らせること。また、その使者。

違背《いはい》　規則や命令などにそむくこと。違反。

端近《はしぢか》　家の中で出入口に近いこと。

下知《げち》

→下知《げじ》　上から下へ指図《さしず》すること。命令。いいつけ。

売僧《まいす》　人をだます者。うそつき。また、うそ。

青二才《あおにさい》　経験の浅い、年若い男。あざけりや謙遜《けんそん》の気持ちを込めて言う。

穿鑿《せんさく》　綿密《めんみつ》に調査すること。吟味《ぎんみ》すること。さぐり求めること。根ほり葉ほり尋《たず》ねること。詮議《せんぎ》。

仏頂面《ぶっちょうづら》　ふくっれつら。ふてくされていることがわかる顔。

陣羽織《じんばおり》　武士《ぶし》が戦場で着用した上衣《うわぎ》。袖《そで》なしのものが多いが、大きな広袖《ひろそで》のついたものや、小袖《こそで》式の袂《たもと》がついたものもある。

釣《つ》り替える　取り替える。

嘱託《そくたく》の合紋《あいもん》　おたずね者に懸《か》けられた懸賞金《けんしょうきん》。

貧乏動《びんぼうゆる》ぎ　貧乏ゆすりのようにほんの少し動くこと。

門端《かどばた》　門のそば。

三千世界《さんぜんせかい》　広い世間《せけん》。

因果《いんが》　自分のなしたよい行為《こうい》や悪い行為に応じて、それに相当するよい報《むく》いや悪い報いがあること。また、現在の不幸は、前世《ぜんせ》での悪業《あくごう》（悪い行い）によってあるということ。

総髪《そうごう》

→総髪《そうはつ》　男子の髪形《かみがた》の一つで、月代《さかやき》を剃《そ》らず、髪を全体に伸ばし、頭頂《とうちょう》で束《たば》ねたもの。束ねずに後ろへなでつけて垂《た》らしたものも指す。

月代《さかやき》　成人男子が前額《まえびたい》にあたるところから頭上《ずじょう》にかけて髪を剃《そ》り上げた部分。

無得心《むどくしん》　非道《ひどう》な振《ふ》る舞《ま》い。

段口《だんぐち》　煙草《たばこ》入れについている物入れ。

晋《しん》の予譲《よじょう》の例《ためし》　予譲は智伯《ちはく》に仕《つか》えた晋の義士《ぎし》で、前四五三年に智伯が趙襄子《ちょうじょうし》によって滅《ほろ》ぼされると、逃亡《とうぼう》して仇《あだ》を討つ機会を待った。ところがそれが発覚《はっかく》して捕《と》らえられ、一度は放免《ほうめん》されるが、再《ふたた》び趙襄子を狙《ねら》うも失敗する。そのとき、趙襄子の上衣《うわぎ》を所望《しょもう》し、これを斬《き》りつけた後に自ら命を絶《た》ったという故事《こじ》。

御佩刀《おんはかせ》
→佩刀《はかし》　貴人《きじん》の帯《お》びている太刀《たち》。

内《うち》やゆかしき、内ぞゆかしき／雲の上はありし昔に変わらねど、見し玉垂《たまだれ》の内やゆかしき　中を見たくはないか、中を見たいものだの意。謡曲《ようきょく》『鸚鵡返《おうむがえ》し』に登場する、〈雲の上はありし昔に変はらねど　見し玉垂の内やゆかしき〉（宮中の様子は今も昔も変わらないが、今は落ちぶれてしまったお前は、以前慣《な》れ親しんだ御所《ごしょ》の御簾内《みすうち》が懐《なつ》かしくはないか）と帝《みかど》が送った歌に対して、小町《こまち》が下《しも》の句の一字だけを〈内ぞゆかしき〉と変えて送ったとされる「鸚鵡返《おうむがえ》し」という技法《ぎほう》が背景にある。

袈裟《けさ》　僧の着用する衣。四角い布きれを縫《ぬ》い合わせて、大きな長方形の一枚の生地《きじ》に仕立てる。

さもそうず　いかにもそうだろう。

もとどり　髪《かみ》を頭の上に集めてたばねたところ。髪の根もと。たぶさ。

力草《ちからぐさ》　頼《たよ》りになるもの。力と頼むもの。力種《ちからだね》。

胴欲《どうよく》　非常に欲の深いこと。思いやりがなく、むごいこと。貪欲《どんよく》。

阿耨多羅三藐三菩提《あのくたらさんみゃくさんぼだい》　仏教用語で、最高の理想的な悟《さと》りのことや、一切《いっさい》の真理をあまねく知った最上の智慧《ちえ》のこと。

歌舞伎
講談
落語

梅雨小袖昔八丈～髪結新三

（つゆこそでむかしはちじょう／かみゆいしんざ）

世話物
江戸っ子
夫婦
復讐・仇討
才覚
恋愛

●作品のポイント●

家々を廻《まわ》って髪《かみ》を結《ゆ》う、廻《まわ》り髪結《かみゆい》の新三《しんざ》という男の、決して大きな悪事を働く訳ではなく、ちょっと攻《せ》め入《い》られると、すぐに小さくなってしまうような小悪党振《こあくとうぶ》りが見どころの一つです。

さらに、その新三の上を行く小悪党であるのが、長屋の大家《おおや》長兵衛《ちょうべえ》です。しかし、悪がはびこることはなく、最後には必ず天罰《てんばつ》が下される……。そんな展開《てんかい》がまた快《こころよ》いとも言える作品です。

季節感《きせつかん》を伴《ともな》う歌舞伎のなかでも、初夏《しょか》を彩《いろど》る代表作として知られます。物語の冒頭《ぼうとう》では初鰹《はつがつお》売りが登場します。江戸っ子は「女房《にょうぼう》を質《しち》に入れても初鰹」と言うように、季節の走りにとれた「初物《はつもの》」を重宝《ちょうほう》する習慣がありました。ここでは新三と長兵衛のやり取りと、物語の展開に必要な季節感を表す小道具として鰹が登場します。そうした季節を感じ取りながら、そして、江戸っ子同士の小気味《こきみ》よい姿をあわせて感じ取ってみて下さい。

ここまでのあらすじ

材木商《ざいもくしょう》を営《いとな》む白子屋《しらこや》は、主人が亡《な》くなった後、苦しい経営を強《し》いられています。その妻であるお常《つね》は一人娘のお熊《くま》に婿《むこ》を迎《む》えて、店の再建《さいけん》をはかろうとしますが、お熊は店の手代《てだい》忠七《ちゅうしち》と相思相愛《そうしそうあい》の仲でした。お熊は母に頼《たの》まれて一旦《いったん》は婿取《むこ》りを承知《しょうち》しますが、忠七と駆《か》け落ちをしようと心に決めます。するとそれを知った廻《まわ》り髪結《かみゆい》の新三《しんざ》は、お熊を連れて逃《に》げるように忠七をそそのかします。

そこで忠七は、お熊を深川《ふかがわ》にある新三の家に先に送り出しますが、永代橋《えいたいばし》に差し掛《か》かったときに、新三が忠七に「お熊は俺《おれ》の女房だ」と言って立ち去ってしまいます。騙《だま》されたことを知った忠七が身投《みな》げをしようとしているところを助けてくれたのが、神田界隈《かいわい》を縄張《なわば》りにしている弥太五郎源七《やたごろうげんしち》です。

一方、深川富吉町《とみよしちょう》の長屋では、新三はお熊を手に入れ、朝湯《あさゆ》帰りに高価な初鰹《はつがつお》を前に上機嫌《じょうきげん》。そこへ白子屋に出入りする車力《しゃりき》の善八《ぜんぱち》が弥太五郎源七を案内してやって来ます……。

【本　題】

(花道《はなみち》に「乗物町《のりものちょう》の親分」と呼ばれる土地の顔役《かおやく》である弥太五郎源七が、白子屋に出入りする車力である善八を連れて登場します。)

源七　善八さん、新三の家は向こうかえ。

善八　大家《おおや》さんで聞いてきましたが、向こうの家でございます。

源七　そうかい、新三が家にいるかいねえか、門《かど》からちょっと見て来て下せえ。
善八　（震《ふる》えながら）いえ、家にいるに違《ちが》いございませぬ。
源七　何をそんなに震えているのだ。
善八　新三が恐《こお》うございまする。
源七　臆病《おくびょう》な人だな。
善八　（門口《かどぐち》までやって来て、中を覗《のぞ》き見ながら）親分、家におります。
源七　（門口から）ごめんよ、新三さんは家かね。
勝奴《かつやっこ》　あいよ。（新三に向かって）親方《おやかた》、乗物町の親分がお出《い》でになりました。
新三　こりゃあ親分、何と思ってわたくしどもへ。まあ、こっちへお上がりなされませ。これ、茣蓙《ござ》を早く敷《し》いてくれ。
勝奴　あいあい（花茣蓙《はなござ》を上手《かみて》へ敷き）親分、これへお出《い》でなされませ。
源七　なに、茣蓙を敷きなさるにゃあ及《およ》ばねえ。
新三　いえ、男やもめに何とやらで、汚《きたな》くていけません。どうぞこれへ来て下さいまし。おお、車力の善八さん。お前《めえ》ェも一緒《いっしょ》かい。
勝奴　へい親分、お茶をお上がりなさい。
新三　これ、いけねえ、そんな出がらしを上げられるものか。早く湯を沸《わ》かして一杯《いっぱい》入れろ。
勝奴　ほんに、あんまり古《ふろ》ばなだった。

善八　もし、喉《のど》が渇《かわ》いてなりませぬから、私がお貰《もら》い申します。
勝奴　おお、車力の善八さんか。お前にゃあ相応《そうおう》だ。
善八　なんでございますと。
勝奴　なに、こっちのことさ。
新三　もし親分、今日はいかがなさりました。お開帳《かいちょう》でもございますか。
源七　いや、お前《めえ》に用があって、わざわざこっちへ出掛《でか》けて来たのだ。
新三　何のご用か知りませぬが、ちょっとお人をおくんなされば、こっちで出掛けてめえりますもの。こんな汚《きた》ねえとこへお出《い》でなすって、まことに面目次第《めんぼくしだい》もございませぬ。で、ご用とおっしゃりますは。
源七　わざわざ出て来たのは他のことでもねえ。白子屋のことで来ました。
勝奴　それじゃあ親分のお出《い》でなすったのは、白子屋のことでござりますか。
善八　はい、この善八がお頼《たの》み申して、ここへお連《つ》れ申したのでございます。
新三　大方この荷は親分のところへ下《お》りるだろうと、勝と話をしておりましたが、どうか親分、このことばかりは口を出さずにおくんなせえ。親分に口を利《き》かれると、どんなことでも顔負《かおま》けして、わっちが「うん」と言わにゃあなりません。どうぞ口を利かずにおくんなせえ。
源七　いくら口を利くなと言っても、俺《おれ》も弥太五郎源七だ、利くだけの口は利かにゃあならねえや。
（このとき、戸棚《とだな》の中からバタバタと音がする。）
新三　（大声を出して）ええ、静かにしやがらねえか。みっともねぇなあ、静かにしろい。おい、勝や、まだ茶はできねえか。

勝奴　あい、今、いれるところでござりまする。

源七　俺なら構《かま》ってくんなさんな。今、永代《えいたい》で飲んで来たのだ。

新三　なにもわっちが家の茶だからといって、毒を入れちゃあ差し上げねえから、飲んでいっておくんなさい。

勝奴　親分、ごめんなせえ。

源七　すまねぇな。（盆《ぼん》の上に出された茶碗《ちゃわん》を取って、ひと口飲み）時に新三さん、長く言うにゃ及ばねえが、昨夜《ゆうべ》こっちに用があって、通りかかった永代橋、時刻もかれこれ九《ここの》ツ前、橋からどんぶり身を投げて、死のうとするを抱《だ》き留めて、顔を見りゃ白子屋の若い者の忠七どん。どういう訳と様子を聞けば……。これから先は言わずとも、お前《めえ》の胸にあることだが、このご時世《じせい》の厳しいに、人をお先に娘《むすめ》っ子を、お前《めえ》の家へ引き込んだも、こういう訳でしたことと、先から先の読めるのは、こんなことの貰《もら》い引きも、四十年《ねん》来《らい》して来た源七だ。お前《めえ》も長い橋を越して、俺が近所を廻るからは、口を利かれて迷惑《めいわく》だろうが、俺に任《まか》してみてくんなせえ。

新三　もし親分、四十年来こんなことは手掛《が》けているとおっしゃいましたが、こいつはちょいと読み違《ちが》いました。何もわっちゃあ、あの娘をかどわかしたのではありません。普段仕事に行く白子屋。はじめは顔や襟剃《えりす》ってやったが縁《えん》となり、白銀町《しろがねちょう》の観音様《かんのんさま》へ夜詣《よまい》りに行った帰《けえ》り掛《が》け、和国橋《わこくばし》の川床《かわどこ》へ引きずり込んだが始まりで、それから薬研堀《やげんぼり》や西河岸《にしがし》のご縁日《えんにち》を当て込んで逢引《あいび》きをしていやしたが、今度、婿《むこ》が来るから、連《つ》れて逃《に》げてくれなきゃ、身を投げて死ぬと言いますから、わっちも帳場《ちょうば》を捨てる気で、昨夜《ゆうべ》家へ連れて逃げたんでございます。（戸棚《とだな》の内でバタバタするので）また騒《さわ》ぎゃあがるか、静かにしろえ。それから家へ連れて来たら、蔵《くら》もねえこんな家にいるのは嫌《いや》だと泣き出しますが、なんぼ世間《せけん》を知らねえといって、家蔵《いえくら》を持って深川から帳場仕事に行くものか。ここの家が嫌《いや》ならば吉原《よしわら》へでも品川へでも立派《りっぱ》な蔵のある家へやってやると、メソメソ泣きやがって、近所隣《となり》にうるせえから、ふん縛《じば》って戸棚の内へぶち込んでおきました。何も人をお先に連れ出して引っさらっちゃあ来ませぬから、親分、そう思っておくんなせえ。

源七　詳しい訳は忠七どんから聞いているが、くどくど言っても落つるところは、やっぱり同じ谷川で、水掛《みずか》け論をするだけ無駄《むだ》だ。お前方《めえがた》の商売《しょうべい》じゃあ、腕《うで》せえありゃあ、どこへ行ってもできる商売とは言いながら、帳場を捨てたというからは、なんぼ俺が頼まれたとて、ただ連れて行こうとは言わねえや。今、勝公が入れてくれた新茶の色で話をしよう。家蔵のある白子屋の一人娘のことだから、お前の気じゃあ魚《さかな》代《だい》に百両《いっぽん》も取る気だろうが、そりゃあ弥太五郎源七だ。不承《ふしょう》だろうが新三さん、俺に負けてくんねぇな。

（懐《ふところ》から紙に包んだ金を出し）この金を百両《いっぽん》と思って、娘を返《けえ》してくんねえ。

新三　（前へ出された金を取り上げて広げてみて）それじゃあ親分この金で、連れて逃げたあのお熊を返《けえ》してくれろと言いなさるのか。

源七　さだめし気にも入《い》るめえが、それで不承《ふしょう》してくんねえ。

新三　十両の、この金でかえ。

源七　知れたことさ。

新三　てえげえにしやあがれ！（源七へ金を叩《たた》きつける）

源七　何をしやあがる！

新三　何をするものか。叩《たた》っ返《けえ》したのだ！

源七　どうしたと。

新三　十両という相場はどこで立ててやって来やがった。手切れ足切れを貰《もら》おうといって、娘を連れて逃げやしねえ。今度、家に婿《むこ》が来るから連れて逃げてくれなきゃあ、身を投げて死ぬというから、殺した日にゃあ白子屋の血筋《ちすじ》の絶《た》えることだから、俺が連れて逃げたんだ。不理屈《ふりくつ》を言やあ命の親だ。たかが廻りの髪結故《ゆえ》、家蔵のある材木屋の一人娘でくれられざあ、返《けえ》してやるめえものでもねえが、貰《もれ》ェに来たその人が乗物町から葭町《よしちょう》へかけ、囲《かこ》い者や芸者屋を年中籠《こ》めて幅《はば》をきかせる二つ名のある弥太五郎源七。おう、親分風《かぜ》が気にくわねえ。これが車力の善八さんが訳を言って貰いに来りゃあ、ただでも娘を返《けえ》してやるが、強い人だから返《けえ》されねえ。普段、帳場を廻っていりゃあ愛嬌《あいきょう》を売る商売だから、嫌《いや》な奴《やつ》にも頭を下げるが、帳場を捨てれば五分と五分、一寸《いっすん》でも後へ引くものか。俺を虚仮《こけ》だと思いやがって、何だ？　弥太五郎だから負けてくれ？　肩書《かたがき》があるから負けられねえ。こんなことも言いたくねえが、言わにゃあドジにゃあわからねえ。仮名《かな》で書いて言ってやるから、よく聞いとけ。生まれは上総《かずさ》の木更津《きさらづ》で、焙烙《ほうろく》を剃《そ》る時分《じぶん》から、旅から旅を渡《わた》って歩き、ちょっくら持ちや押し借りでとうとうしまいは食らい込み、身体《からだ》へ傷のついた新三だ。手前《てめ》ェたちに脅《おど》されて、さらった娘を返《けえ》すような、そんなドジだと思いやあがるか。おい、勝、見りゃあ見るほど、嫌《いや》な奴《やつ》だな。

勝奴　ほんに好《す》かねえおじさんさ。

源七　これ、新三ッ、よくも恥《はじ》をかかせたな。ご大層《たいそう》なことを言うようだが、芝《しば》の果てから浅草へかけて、誰《だれ》知らねえものもねえ、乗物町の弥太五郎源七。手前《てめえ》と違《ちが》って両腕《うで》の傷は喧嘩《けんか》で斬《き》られた傷。もう十年も若けりゃあ、命のやり取りしようけれど、五十を越《こ》して後先《あとさき》を考えた日にゃあ馬鹿馬鹿《ばかばか》しく、無法《むほう》なこともできねえから、今日はこのまま帰ってやるぞ。

新三　なに、恩に着せて帰らずとも、何時《いつ》までもいなさるといい。だがな、五十を越して後先の考えがついたなら、娘を貰《もら》いになぜ来たのだ。つむじの曲がったこの新三が、ただくれようと思うが自惚《うぬぼ》れだ。

勝奴　そこが焼きが回ったのだ。生まれた土地の乗物町じゃあ無理な理屈も通ろうが、大きな川を一つ越しちゃあ、誰《だれ》が何と思うものか。ねえ親方。

新三　喧嘩《けんか》っ早ぇと話に聞いたが、後先を見なさるだけ、勘弁強《かんべんづえ》ぇおじさんさ。

源七　いい年をして手前《てめえ》たちにこんなことを言われるも、ことの大きくなるを厭《きら》い、じっと我慢《がまん》はするものの、持って生まれた癇癪《かんしゃく》に。

善八　（源七を止めて）ああ、これ親分さん。必ず早まって下さりますな。ここの家ではお前さんが短気《たんき》を出して下さいますと、内証《ないしょ》のことも表沙汰《おもてざた》、どんなことになろうかも知れず、今日のところはこのままに、どうぞ帰って下さいませ。

源七　これだから善八さん、先に嫌《いや》だと言ったのだ。俺が男を立てようと、ここで喧嘩をしたときは、一に難儀《なんぎ》のかかるは白子屋。頼《たの》まれて来たこの俺が、ことを起こすも気の毒故《ゆえ》、虫をこらえて帰《けえ》らにゃならねえ。

善八　いえもう、よしないことをお頼み申し、お気の毒でなりません。どうぞご料簡《りょうけん》なされて下さりませ。

源七　ようがす、ようがすとも。たとえどんなに恥をかいても、今日は無事に帰るから、必ず心配しなさんな。

善八　それで安心をいたしました。

新三　喧嘩は止め手のあるのが花。今日に限ったことでもねえ、いつでも仕返《しかえ》しをするといい。

源七　この一件が済んだらなら、今日の礼を言いに来るとしよう。

新三　わざわざ来るにゃあ及《およ》ばねえ。俺の方から出掛《か》けて行くから、留守《るす》をつかいなさんな。

源七　たかの知れたる手前《てめえ》たちに、何で俺が逃《に》げるものか。

新三　その口を忘れなさんな。

源七　そんなら新三。

勝奴　たがの緩《ゆる》んだおじさんか。

新三　これ、二つ名のある親分様だ。失礼なことを言わねえがいいよ。

源七　どれ、指をくわえて、（門口《かどぐち》を締《し》めて）帰ろうか。

〈この間《かん》〉

源七が善八を連れて新三の家を出ると、家主《いえぬし》の女房《にょうぼう》お角《すみ》に出会ったので、家主から新三に言い聞かせてもらうことにする。そして、源七は面目《めんもく》をつぶさないようにしてもらいたいと帰って行く。善八がお角と家主の家に行くと、家主はこの話を三十両で片付けてやると、新三の家へ向かう。

（新三の家では膳《ぜん》の上に刺身皿《さしみざら》が載《の》り、新三と勝奴が鰹《かつお》を肴《さかな》にして酒を飲んでいる。門口《かどぐち》へ家主の長兵衛と善八がやって来る。）

長兵衛　ごめんよ。新三は家にいるかい。今日は休みか。

新三　大家さんでござりますか。ちっと風邪《かぜ》を引きましたから、手間《てま》を入れて休みました。

長兵衛　大分、悪い風邪が流行《はや》るそうだからな。

勝奴　わっちどもの親方は、流行り物は逃《のが》しませぬ。

長兵衛　二人で風邪薬をやっているな。風邪にはこれが一番だよ。やあ、膳の上のは鰹《かつお》の刺身《さしみ》か。皮づくりは気が悪いな。

新三　鰹は片身《かたみ》ありますが、持っていくかい。

長兵衛　そいつはありがたい。まだ今年は初鰹だ。お前にな、片身貰《もら》うも気の毒だが、羅宇《らお》のすげ替《か》えの権兵衛《ごんべえ》や甘酒屋《あまざけや》の仁兵衛《にへえ》と違《ちが》って、手前ェ《てめえ》の銭《ぜに》は悪銭《あくせん》だから、遠慮《えんりょ》せずに貰っていくよ。

新三　人聞《ひとぎ》きの悪いことをおっしゃいますな。脂汗《あぶらあせ》を絞《しぼ》る髪結の銭が、何で悪銭なことがありましょう。

長兵衛　そんなことはよそへ行って言え。俺に言うのは無駄《むだ》なことだ。
新三　もし大家さん、店賃《たなちん》の催促《さいそく》なら、もう二、三日待ってやっておくんなせえ。
長兵衛　いや、今日は店賃の催促じゃあねえ。手前《てめえ》に話があってやって来たのだ。
新三　何ぞ儲《もう》かる話でござりますか。
長兵衛　おお、金になる話だ。
勝奴　なに、金儲けになる話。まあ大家さん、こっちへおいでなさいまし。
長兵衛　現金《げんきん》な奴《やつ》だ。金儲《かねもう》けと言ったら、すぐに胡麻《ごま》をすりゃあがらあ。
新三　何にしろ金になる話とぁ、耳寄りだが前祝いに一つどうでござります（猪口《ちょこ》を出す）。
長兵衛　それじゃあ、一つもらおうか。（新三の酌《しゃく》で一杯《いっぱい》飲んで）滅法《めっぽう》いい酒だ。こりゃあどこのだ。
新三　表の角《かど》の泉屋《いずみや》でござります。あすこの酒は滅法いいのを注ぎやす。
長兵衛　刺身《さしみ》は誰《だれ》がつくった。
新三　勝がつくりました。
長兵衛　勝か。手前《てめえ》は器用《きよう》な男だ。こういうかくし芸があるから、色をするのだ。この長屋でな、初物を食うのはお前《めえ》ェぐれぇなもんだ。
新三　もし旦那、金になる話というは何でございます。
長兵衛　そうだっけ、鰹に見とれてすっかり忘れた。時に新三、俺が来たのは、昨夜《ゆうべ》手前《てめえ》が連れて来た、白子屋の娘のことだ。

新三　もし大家さん、お話の中《ちゅう》でございますが、白子屋の娘なら太え女《ふてあま》でござりますから、うっちゃっておいて下さいまし。

長兵衛　太《ふて》えか細いかは知らねえが、昨夜《ゆうべ》からのあらましは、壁隣《かべとなり》の五兵衛《ごへえ》が来て、俺に話して聞かせたから筋《すじ》は大概《たいがい》知っている。何にしろ向こうから、あの店廻《たなまわ》りで口利《くちき》きの弥太五郎源七が来たそうだが、よく鼻を弾《はじ》いてやったな。今、婆《ばあ》さんから聞いたが、おらあ蔭《かげ》ながら喜んでいた。何でも人は売り出すには名高い奴《やつ》の鼻っ柱を一本いかにゃあ良い男にはなられねえ。それにまた扱《あつか》いも苦労人《くろうにん》のようでもねえ。十両というのはしみったれだ。向こうでいくらで請《う》け合ったか知らねぇが、源七が儲《もう》け過ぎるな。

新三　大家さんのおっしゃる通り、それ相応《そうおう》の掛《か》け合いなら、嫌な奴でもあの土地で肩書のある源七だから顔を立ってやりますが、こっちをただの髪結だと思って、十両ばかりのはした金を大きなことを言いやがって、わっちが前へ出したから横っ面《つら》へ叩《たた》きつけて返《けえ》してやりやした。

長兵衛　おお、よく叩きつけて返《けえ》してやった。それでなくっちゃあ売り出せねえ。近頃にねえ大手柄《おおてがら》だ。大家の俺まで鼻が高い。俺は世間の人と違って、店子《たなこ》は太《ふて》え奴《やつ》がいい。堅気《かたぎ》な奴は話せねえよ。

新三　お前《めえ》さんのような大家さんは、よそを探したっておりませんよ。普段友達のところへ行っても、お前《めえ》さんのことじゃあ惚気《のろけ》ます。

勝奴　それだからわっちなども、大家さんは大の贔屓《ひいき》さ。

長兵衛　そう言ってくれるのはありがたいが、それについて新三、手前《てめ》ェに改めて頼《たの》みがある。

新三　その改めての頼みとおっしゃるのは、今言った白子屋の娘のことでござりましょうが、どうぞこりゃあ構《かま》わずに、うっちゃっておいて下さいまし。

長兵衛　いやいや、うっちゃってはおかれねえ。手前《てめえ》の筋がいいことなら長く引っ張るもいいが、連れて逃げたというけれど、種《たね》を明かせばかどわかしだ。表沙汰《おもてざた》にされてみろ、三文《さんもん》にもなりゃあしねえぞ。内証《ないしょ》で事を早く済ましてえと向こうで言うがこっちの付け目だ。悪《わり》いようにゃあしねえから、その筋道《すじみち》はわかっているから、長い短い言わねえで、この家主に任してくれ。源七のように十両と下から刻《きざ》んで相場《そうば》は立てねえ。年を取って気が短えから、出してよし、取ってよしという中を取って三十両。手前《てめえ》に金を取ってやるから。それで黙って返《けえ》してやれ。

新三　思《おぼ》し召《め》しはありがとうございますが、顎《あご》が三軒《げん》付いている帳場を捨てて掛かった仕事、少なくとも百両《いっぽん》とまとまった金を貰《もら》わにゃ、どうも娘は返《けえ》されませんね。

長兵衛　そりゃあ手前《てめ》ェと、本当に訳があって連れて逃げた娘なら百両《いっぽん》でも二百両《にほん》でも取るがいい。だがな、いわばかどわかし同様のよくねえ筋のことだから、三十両で料簡《りょうけん》しろ。

新三　普段お世話になってる大家さんの言うことは、何でもわっちゃあ聞きますが、これぱかりは聞かれませんね。

長兵衛　それじゃあ、俺が言うことは聞かれねえというんだな。

新三　どうぞ堪忍《かんにん》しておくんなせえ。

長兵衛　聞かざあ、よしにしろ。聞かざあよしにしろい！　俺が言うことを聞かれなくちゃあ、その分じゃあおかねえぞ。この趣《おもむ》きを言い立てて、召《め》し連《つ》れ訴《うった》えをするからそう思え。はばかりながら両ご番所《ばんしょ》は言うに及《およ》ばず、ご勘定《かんじょう》から寺社奉行《じしゃぶぎょう》、火付盗賊改《ひつけとうぞくあらため》の加役《かやく》へ出ても、深川《ふかがわ》の、長兵衛といやあ腰掛《こしかけ》で、誰《だれ》知らねえものもねえ金箔《きんぱく》付きの家主《いえぬし》だ。この長兵衛の舌三寸で五尺《ごしゃく》に足《た》らねえ手前《てめ》ェの身体《からだ》へ、縄《なわ》をかけるのは造作《ぞうさ》もねえが、店子《たなこ》と言えばわが子も同然、親が縄を掛けてえことはねえ。悪いことは言わねえから三十両取っておけ。

新三　そりゃあ悪いこともおっしゃるまいが、わっちも堅気《かたぎ》の髪結ならお礼を申してお貰い申すが、気障《きざ》なことだが獄中《なか》へも行き、物相飯《もっそうめし》も食ってきた上総無宿《かずさむしゅく》の入墨《いれずみ》新三だ。今、お前さんに突《つ》き出されて再び食らい込んでも、羽目《はめ》通りで干物《ひもの》の頭を拾って食うような、まんざら虚仮《こけ》でもございませんからね。

長兵衛　これこれ、いい加減に喋《しゃべ》らねえか。耳に障《さわ》って聞きたくねえ。黙《だま》って聞いてりゃ、いい気になりやがって、獄中へ行っても羽目通りで干物の頭は食わねえなどと、生意気《なまいき》なことをいうな。それになんだ、上総無宿の何とか言ったな。

新三　上総無宿の入墨新三さ。

長兵衛　そんなことを大きな声で言う奴《やつ》があるものか。入墨というものを何と心得《こころえ》てる。人交《ひとまじ》わりのできねえ印だ。たとえ手前《てめえ》に墨があろうが、知らねえつもりで店《たな》を貸すのだ。表向き聞いた日には、一日でも店は貸せねえ。形《なり》を見りゃ気がきいているが、よっぽど間抜《まぬ》けな野郎《やろう》だなあ。

新三　なんぼお前の店子《たなこ》だって、間抜けと言うのは、あんまり酷《ひど》い。

長兵衛　間抜け野郎に違《ちげ》えねえ。どこの国に家主《いえぬし》の前で、隠すべき入墨を自慢《じまん》に言う奴があるものか。馬鹿野郎め。

新三　なるほど、こりゃあ、わっちが悪かった。三十両で料簡しろ。
長兵衛　それが悪いと気が付いたら、三十両で料簡しろ。
新三　いやいや、それとこれとは話が別だ。
長兵衛　嫌《いや》ならよせ。その代わりだ、手前《てめ》ェの悪事《あくじ》を言い立てて、召《め》し連《つ》れ訴《うった》えをするから、そう思え。
新三　まあ大家さん、お待ちなさい。
長兵衛　ええ、ぐずぐずしたことは、おらあ嫌《きれ》えだ。
勝奴　もし大家さん。わっちが傍《はた》から口を出すも生意気《なまいき》な話だが、三十両じゃあ親方も料簡《りょうけん》しにくうございましょうから、五十両にして下さいましな。
長兵衛　手前《てめ》ェなどが口を出すにゃあ及《およ》ばねえ。三十両なら言い分なしだが、料簡ができねえなら、すぐに玄関《げんかん》へ訴えようか。
新三　まあ、待って下さいまし。
長兵衛　それじゃあ、それで得心《とくしん》するか。
新三　さあ。
長兵衛　じゃあ、どうするんだよ。
新三　ええい！　普段お世話になっている大家さんだ。それで料簡いたしましょう。
長兵衛　早く言えばいいことを。余計な口を利《き》かせやあがる。
勝奴　まあ、お茶でもお上がりなさいまし（盆《ぼん》の上へ茶碗《ちゃわん》を載《の》せて出す）。

善八　（門口《かどぐち》を入って来て）いや、大家様、ありがとうござりまする。
長兵衛　おお、善八殿か。ようやく新三が得心《とくしん》しましたよ。
善八　お前様の勢いは豪儀《ごうぎ》なものでござります。名に負う弥太五郎源七さんが、恐《おそ》れて帰った新三さんも、大家さんにあっちゃ、猫《ねこ》に会ったネズミのよう。
新三　何を言ってやがんだ、こん畜生！
善八　大家様にはかなわぬくせに。
長兵衛　これ、余計な口を利かないで、駕籠《かご》を早く持って来いと、婆《ばあ》さんにそう言って下せえ。
善八　駕籠はもう参っております。（手招《てまね》きをしながら）おい、駕籠屋さん、駕籠屋さん。
長兵衛　さあ、金は俺が持っているから、娘を早くここへ出せ。
新三　へい、今、出します。勝や、鍵《かぎ》をどうした。
勝奴　あい、ここに持っています。
新三　どれ、出してやろうか。
（戸棚《とだな》を開けると、お熊が縛《しば》られて、そこにいる。）
新三　ええ、きりきりと出やあがれ（縛った縄を取って引きずり出す）。
長兵衛　これ、手荒《てあら》いことをするな。（お熊の縄を解《と》き）やれやれ、可哀《かわい》そうに。さぞお前様も切《せつ》なかったでございましょう。悪い奴に引っ掛《か》かって、とんだ目に遭《あ》いなすった。
善八　もしお熊さん、大家さんのお蔭《かげ》でお家へ帰られるようになりました。よくお礼をおっしゃって下さいまし。
お熊　何かのことは戸棚の内にて、承《うけたまわ》りましてござります。このまま家へ帰られまするも、あなたのお蔭故《ゆえ》、（手を突いて）ありがとうござります。
長兵衛　いや、その礼には及《およ》ばない。お家で案じていなさるでしょう。ちっとも早くお帰りなさい。
お熊　はい、さぞ昨夜《ゆうべ》から母様がお案じなされてござんしょう。親不孝なことをしました。
善八　いえもう、お案じなされたどころではございませぬ。昨夜《ゆうべ》からお袋《ふくろ》様はまんじりともなされませぬ。
長兵衛　さあさあ、余計なことを言っていないで、さあ、早くお出《い》でなさい。
お熊　それではお暇《いとま》いたします。
新三　俺に心が残るなら、また駆《か》け出して来《き》ねえよ。
長兵衛　やかましい。黙《だま》っていろえ。
善八　いずれまた、白子屋から改めてお礼に上がります。
長兵衛　決してお礼などには及びませぬよ。
勝奴　大家さん、嘘《うそ》ばかり。
長兵衛　（勝奴をにらみつけ）何を！　さあさあ早くお出《い》でなさい。
お熊　ごめんなされませ（駕籠へ乗る）。
善八　さあさあ、駕籠屋さん、急いで。

（善八は駕籠に付き添い、花道へ入っていく、長兵衛はそれを見送る。）
長兵衛　ええ、あの男もそそっかしい。履物《はきもの》を間違《まちが》えて行った。
勝奴　取り返《けえ》して来ましょうか。
長兵衛　なに、どうせ礼に来るだろうから、追っかけるには及ばねえ。ときに新三、鰹《かつお》は半分貰《もら》ったぜ。
新三　ええ、そりゃあ半分上げました。もし大家さん、お扱《あつか》いの金をお貰い申しましょうか。
長兵衛　おお、まだ手前《てめえ》にやらなかったか。
新三　まだもらっちゃいないやな。
長兵衛　おお、手前《てめ》ェにやるのを忘れてしまった。
新三　それを忘れられちゃあ大変《てえへん》だ。
長兵衛　これ新三、お前《め》ェも豪儀《ごうぎ》なことをしたな。あの娘を手前《てめ》ェの自由にした上で、手切れの金が三十両、こんなうまい話はねえな。
勝奴　この一件じゃあ、昨夜《ゆうべ》から提灯《ちょうちん》持ちをしやしたから、小《こ》あらい飛白《かすり》の薩摩《さつま》でも一枚買って貰わにゃあなりませんねえ。
長兵衛　おお、一枚でも二枚でも買って貰え。
新三　勝にも着物の一枚も買ってやらにゃあならねえから、早くお金をおくんなせえ。
長兵衛　せわしねえ。今、やるわ。（懐《ふところ》から紙に包んだ小判を出し）それ、金は小判だ。一《ひ》ィ二《ふ》ゥ三《み》ィ四《よ》ゥ五《い》ツ六《む》ゥ七八《ななや》ァ九十《ここのとう》、それ十両。一《ひ》ィ二《ふ》ゥ三《み》ィ四《よ》ゥ五《い》ツ、それ五両。数を改めて受け取るがいい。

新三　もし大家さん、こりゃあ、ちっと違《ちが》やあしませぬか。
長兵衛　いや、違やあしねえはずだが。
新三　お前さんは三十両取ってやるとおっしゃったじゃあございませんか。
長兵衛　そうよ、三十両取ってやると言ったから、三十両取ってやったのだ。
新三　それでもこりゃあ、十五両じゃあございませんか。
長兵衛　わからねえ奴《やつ》だな。手前《てめ》ェもここらの遊び人じゃあ、かすり取りだということだが、よくそんなどじなことで盆《ぼん》の上が見えるな。それ、十両に五両で十五両よ。鰹《かつお》は半分もらったのだ。
新三　鰹は半分上げたんだが、三十両が十五両じゃ、金が半分足りません。
長兵衛　まだそんなことを言うか。昨夜《ゆうべ》からの手際《てぎわ》じゃ、話せる奴《やつ》だと思ったが、あんまり手柄《てがら》もわからねぇ野郎だなぁ。
新三　何を言ってやがんだい！　三十両のものを十五両じゃあ、お前さんがわからねえや。
長兵衛　いやはや、呆《あき》れけぇったわからぬ野郎だ。それ、十両に五両で十五両だ。いいな、わかったか。
新三　まだ、わっちにゃあわかりません。
長兵衛　なに、まだ手前《てめ》ェにゃあわからねえか。よく水で顔を洗ってこい。三十両の約束だから、十五両鰹は半分俺が貰ったよ。
やって、鰹は半分もらったというのだ。こんなわかった話はねえ。
新三　（よく考えて）勝や、手前《てめ》ェ、わかったか？

勝奴　大家さんも町内じゃ評判の取り手だから、さっきから二言目《ふたことめ》にゃあ鰹は半分貰ったと、口癖《くちぐせ》のように言いなさるから、三十両のうちの半分貰う気じゃあありませんか……。

長兵衛　勝公、手前《てめ》ェの方が分かりがいい。

新三　え!? それじゃあ三十両のうちの半分、お前が取んなさる気か。

長兵衛　知れたことよ。骨折り賃に半分俺が貰うのだ。

新三　これが三両か五両ならお礼に上げめえものでもねえが、面白《おもしろ》くもねえ。三十両のうちを半分貰われてたまるものか。わっちゃあそれじゃあよしやしょう。十五両はお返《けえ》し申します。

長兵衛　おお、要《い》らざあ俺が方へ返《けえ》してしまえ。地切《じぎ》れの切れるという商売じゃあなし、してえことをしやあがって、十五両でもただ取る金だ。ありがたいことだと礼を貰って取るならよし、不足《ふそく》な面《つら》をするならよすがいい。こうなったら手前《てめ》ェの悪事を言い立てて召し連れ訴えをしてやろう。

新三　（長兵衛に手をつかまえられて）そいつはいけねえ。

長兵衛　それじゃあ十五両取っておくか。

新三　それだといって、半分じゃあ……。

長兵衛　不足なら訴えようか。

新三　さあ、

長兵衛　さあ、

両人　さあ、さあ、さあ。

新三　これ、新三、たってやろうとは言わねえから、早く返事をしてしまえ。
長兵衛　俺もよっぽど太《ふて》え気だが、大家さんにはかなわねえ。勝や、これがしぶといというのだ。
新三　俺が太《ふて》えのを、今、知ったか。こういうときにたんまりと金を取ろうばっかりに、入墨《いれずみ》者を合点《がてん》で店《たな》を貸しておく家主だ。嫌なら嫌で早く言え。すぐに縄《なわ》を掛けてやるから。
長兵衛　（身震《みぶる》いしながら）おお、鶴亀鶴亀《つるかめつるかめ》。大家さん、わっちが悪うございました。堪忍《かんにん》しておくんなせえ。
長兵衛　それじゃあ、十五両でいいか。
新三　いいこともございませんが……、まあ、ようございますよ。
長兵衛　まだそんな未練《みれん》なことを言うのか。それ、十五両あるぞ。
お角《すみ》　あ、もし、金を渡《わた》すなら待って下さいよ。
長兵衛　おお、婆《ばあ》さんか。何だ。
お角　店賃《たなちん》の滞《とどこお》りが二両ありますよ。
長兵衛　ほんに、二両貸しがあったを忘れていた。
新三　そっからさらに二両お引きになるのかい？　あんまり酷《ひど》うございますよ。
長兵衛　酷くて悪けりゃ、よすがいい。
新三　（長兵衛が金を引っ込めるのをあわてて止めて）誰も悪いとは言やあしませぬ。
長兵衛　それじゃあ黙って取るがいい。

お角　さっき鰹《かつお》が来たと思ったが、ここにいい鰹があるね。
長兵衛　そりゃあ半分貰ったのだ。婆《ばあ》さん下げて持っていきねえ。
勝奴　鰹まで持っていきなさるかえ。
長兵衛　当たり前だ、貰ったものだ。持っていかねえで、どうするものだ。
お角　おお、こりゃ中落《なかお》ちがあって得ですね。
権兵衛《ごんべえ》　(下手《しもて》より走って来て)もし、大家さん、大変でござります。
長兵衛　なんだ大変とは、金儲《かねもう》けになることか。
権兵衛　どうしてどうして、金儲けどころか、お前さんのところへ、たった今、泥棒《どろぼう》が入りました。
長兵衛　ええ、泥棒が入った?
お角　なんぞ置いて行ったかえ。
権兵衛　何を置いて行きますものか。箪笥《たんす》のものはありったけ、そっくり持って行きました。
お角　うむうむうむうむうむ……(目を回して倒《たお》れる)。
長兵衛　いや、太《ふて》え奴《やつ》もあるものだな。
勝奴　大家さん、十五両じゃあうまりませんね。
長兵衛　十五両や二十両で四《よっ》ツ引き出しがうまるものか。こりゃこうしてはいられぬわ。
権兵衛　(尻端折《しりっぱしょ》りをする長兵衛を止めて)もし、おかみさんが目を回して……。
長兵衛　ええ、婆あに構《かま》っていられるものか(権兵衛を振り切って下手《しもて》へ消えていく)。

権兵衛　勝さん、この婆さんはどうしましょう。
勝奴　どうもこうもあるものか。お前《め》ェが泥棒の話をして、目を回した婆さんだ。おぶって家へ連《つ》れて行きなせえ。
権兵衛　それじゃあ、俺がおぶって行くのか。
新三　知れたことだ（お角を背負《お》わす）。
権兵衛　とんだ親孝行だ（お角を背負って下手《しもて》へ入っていく）。
新三　欲張《よくば》り大家の長兵衛が、人を籠《こ》めて拵《こしら》え溜めた、箪笥の中の着物をば、残らず持って行かれたからは、
勝奴　一《ひと》引き出しを十両と、安く踏《ふ》んでも四《し》十両、
新三　十五両を差っ引いて、大家の損は二十五両、
勝奴　店賃までも差っ引かれ、
新三　忌《いめ》えましいと思ったが、
勝奴　親方、これでお前の胸も、
新三　ああ、うう、これで溜飲《りゅういん》が下がったぜ。

このあとの展開

数か月が経《た》ち、新三は悪党として売り出しますが、弥太五郎源七は羽振《はぶ》りが悪くなっていきます。そして、深川の閻魔堂橋《えんまどうばし》で新三を待ち伏せをした源七は、遺恨《いこん》をはらそうと新三に襲《おそ》い掛かります……。

●作品の背景●

明治六年（一八七三）六月に東京の中村座で初演された、河竹黙阿弥《かわたけもくあみ》による世話物《せわもの》の代表作の一つです。元々四幕十一場ありますが、ここでは現在演じられることの多い二幕目の「新三内《うち》の場」を紹介しました。

実際に享保《きょうほう》十二年（一七二七）に起きた白子屋お熊の事件を題材としており、それを裁《さば》いたのが大岡《おおおか》越前守忠相《えちぜんのかみただすけ》であったことから「大岡政談」の一つに数えられる作品です。ちなみに歌舞伎や落語には大岡政談が幾《いく》つか残っていますが、実際に大岡越前守が裁いたのは、この白子屋事件だけと言われています。

芝居としては安永《あんえい》四年（一七七五）に人形浄瑠璃《にんぎょうじょうるり》『恋娘昔八丈《こいむすめむかしはちじょう》』として取り上げられていますが、この『梅雨小袖昔八丈《つゆこそでむかしはちじょう》』は江戸後期から明治期にかけて活躍した、落語家の春錦亭柳桜《しゅんきんていりゅうおう》が演じた乾坤坊《けんこんぼう》良斎《りょうさい》作による人情噺《にんじょうばなし》が元にあり、河竹黙阿弥が五代目尾上菊五郎《おのえきくごろう》にあてて書き下ろした作品とされています。現在でも当代尾上菊五郎や尾上松緑《おのえしょうろく》といった歌舞伎俳優が見せてくれます。

また、タイトルにある「八丈」とは、主人公の一人であるお熊が処刑されるときに着ていた黄八丈《きはちじょう》の着物を指しています。

知っておきたい用語集

廻《まわ》り髪結《かみゆい》　頭髪《とうはつ》を結《ゆ》うことを職業とする髪結の中でも、道具を持って客の家を廻った、女性を相手にした髪結。

手代《てだい》　江戸時代の商店の奉公人《ほうこうにん》の身分。番頭《ばんとう》と丁稚《でっち》の間の位で、番頭の下で経理や営業を担当した。

車力《しゃりき》　大八車《だいはちぐるま》などで荷物を運ぶのを職業とする人。

顔役《かおやく》　その土地、または仲間内で、顔を知られていて勢力《せいりょく》のある人。ボス。

乗物町《のりものちょう》　現在の東京都中央区日本橋堀留町《ほりどめちょう》周辺。

花茣蓙《はなござ》　色々な色に染めた藺《い》（イグサ）で花模様《はなもよう》などを織《お》り出したござ。はなむしろ。

男やもめになんとやら
→男《おとこ》やもめに蛆《うじ》が湧《わ》く　男やもめは世話をする者がいないので、自然に身の回りや環境が不潔《ふけつ》になる。

出《で》がらし　茶などを煎《せん》じ出したり、煮《に》出したりして味や香りが薄《うす》くなること。

古《ふろ》ばな　→前出「出がらし」

開帳《かいちょう》　寺院で、普段《ふだん》公開しない仏像などを、何年か間隔《かんかく》で、一定の日を限って、参詣人《さんけいにん》に拝観《はいかん》させること。また、寺院の厨子《ずし》を開いて秘仏《ひぶつ》を特定の日だけ一般人に拝《おが》ませること。また転じて、賭博《とばく》の座を開くことをいう。

九《ここの》ツ　夜の十二時ごろ。

貰《もら》い引《び》き　貰いと同じ。もめごとが生じて決着がつきにくい場合、間に入ってその処置をまかせてもらうこと。

かどわかす　力ずくで、またはだましたりして、人を連《つ》れ去る。誘拐《ゆうかい》する。

白銀町《しろがねちょう》
→本銀町《ほんしろがねちょう》　現在の東京都中央区日本橋本石町《ほんごくちょう》、日本橋室町《むろまち》周辺。

和国橋《わくにばし》　現在の東京都中央区日本橋小舟町《こぶなちょう》と堀留町《ほりどめちょう》の間を流れていた東堀留川に架《か》かっていた橋。

川床《かわどこ》　料理屋などの座敷《ざしき》から川へ突《つ》き出してつくった、涼《すず》みのための桟敷《さじき》。

薬研堀《やげんぼり》　現在の東京都中央区東日本橋（当時の両国《りょうごく》）

にあった堀の名。

帳《ちょう》場《ば》　旅館や商店などで勘定《かんじょう》などをする所。勘定場。ここでは得意先《とくいさき》のことを帳場といっている。

水掛《みずか》け論《ろん》　互《たが》いに自分の言い分にこだわって、いつまでたっても終わらない言い争い。

不承《ふしょう》　いやいやながら承知《しょうち》すること。

手切れ足切れ　関係を絶《た》つために払う金のこと。手切れ金。

葭町《よしちょう》　現在の東京都中央区日本橋人形町《にんぎょうちょう》周辺。

籠《こ》めて

→籠める　力ずくで従わせる。

幅《はば》をきかす　勢力《せいりょく》をふるう。いばる。

虚仮《こけ》　愚《おろ》かなこと。また、その人やそのさま。ばか。まぬけ。

焙烙《ほうろく》を剃《そ》る　顔を剃る修業《しゅぎょう》として、素焼《すやき》の平《ひら》たい土《ど》鍋《なべ》である焙烙の尻《しり》を剃刀《かみそり》で剃ること。

ちょっくら持ち　ちょっと人の物を持ってやるふりをしてかすめ取ること。手近にあるわずかなものを持ち逃《に》げすること。こそ泥《どろ》。かっぱらい。

押《お》し借《が》り　強引《ごういん》に金品を借りること。

つむじの曲がった

→つむじが曲がる　すなおでなく、ひねくれた性格。

焼きが回る　年をとって衰《おとろ》えること。老《お》いぼれること。

虫をこらえる

→虫《むし》を殺す　腹が立つのをぐっとこらえて我慢《がまん》する。

よしない　つまらない。くだらない。

料簡《りょうけん》　考え。思慮《しりょ》。分別《ぶんべつ》。こらえること。堪忍《かんにん》。

たがが緩《ゆる》む　緊張《きんちょう》がゆるんだり、年老《お》いたりして、しっかりしたところがなくなる。締《し》まりがなくなる。

皮《かわ》づくり

→松皮造《まつかわづく》り　鯛《たい》などの魚に用いられる調理方法で、皮を取り除かずに熱湯《ねっとう》で洗ってから冷水《れいすい》に落として刺身《さしみ》にしたもの。

気が悪い　欲望《よくぼう》がかきたてられるような妙な気分という意味から、ここでは食欲をそそられるという意味。

羅宇《らお》　煙管《きせる》の火皿《ひざら》と吸い口をつなぐ竹の管《くだ》。また、それに使う竹。

すげ替《か》える　新しく別のものをすげて（はめこんで）つけ替える。

色《いろ》をする　恋愛や情事をする。

鼻《はな》を弾《はじ》く　意気込んでいるところをくじく。やりこめる。鼻を折る。

うっちゃる　そのまま手をつけずにほうっておく。ほったらかす。

召《め》し連《つ》れ訴《うった》え　大家《おおや》が自分の店子《たなこ》を引き連れて訴えること。

両ご番所　江戸に置かれた町奉行で、ここでは北町・南町の両方を指している。

火付盗賊改《ひつけとうぞくあらため》　江戸幕府の職名《しょくめい》で、すでに設置《せっち》されていた盗賊改や火付改、博奕改《ばくちあらため》の各加役《かやく》をあわせて設《もう》けられた。与力《よりき》や同心《どうしん》を使って江戸市中を巡回《じゅんかい》し、火災の予防、盗賊の捕縛《ほばく》、博徒《ばくと》の取り締まりなどを行った。

加役《かやく》　本職以外の役を臨時《りんじ》に勤《つと》めること。また、その人。ここでは火付盗賊改《ひつけとうぞくあらため》の称。

舌三寸《したさんずん》　心がこもらず、口先だけであること。また、そのことば。おしゃべり。舌先三寸《したさきさんずん》。

物相飯《もっそうめし》　飯を盛って量をはかる器《うつわ》である物相に盛った飯。特に、近世の牢獄《ろうごく》で囚人《しゅうじん》に与えられた飯。

無宿《むしゅく》　無宿者ともいう。江戸時代、駆《か》け落ちや勘当《かんどう》、追放刑などにより、当時の戸籍《こせき》である人別帳《にんべつちょう》から記載《きさい》を削《けず》られた者を総称《そうしょう》していう。

羽目通《はめどお》り

→羽目《はめ》に付く　新しく入牢《じゅろう》（牢屋《ろうや》に入る）してきた罪人《ざいにん》が、羽目板《はめいた》（壁《かべ》に張った板）に添《そ》った窮屈《きゅうくつ》な場所におしやられること。

豪儀《ごうぎ》　威勢《いせい》のよいさま。すばらしくりっぱなさま。

提灯《ちょうちん》持ち　提灯が歩く先を照らすことから、手先となるという意味。

小《こ》あらい飛白《がすり》の薩摩《さつま》

→薩摩飛白《さつまがすり》　綿織物《めんおりもの》の一つで紺地《こんじ》に白がすりを出した平織《ひらおり》のもの。

かすり取り　他人の上前《うわまえ》（手数料、仲介料《ちゅうかいりょう》）をはねること。また、その人。

地切《じぎ》れ

→地切り　元を割ること。自分で負担すること。

鶴亀鶴亀《つるかめつるかめ》　不吉《ふきつ》なことを見たり聞いたりしたときに縁起《えんぎ》直しに言う語。

溜飲《りゅういん》が下がる　不平や不満、恨《うら》みなど、胸のつかえがおりて気が晴れる。

歌舞伎
文楽
浪曲
落語

女殺油地獄より豊島屋油店の場

〈おんなごろしあぶらのじごく／てしまやあぶらみせのば〉

世話物

親子

夫婦

忠義

人情

情愛

恋愛

心中

●作品のポイント●

歌舞伎や落語で若旦那《わかだんな》、今風《いまふう》に言えば、大会社《だいがいしゃ》の二世《にせい》が登場《とうじょう》すると、親が築《きず》いた財産を元手《もとで》に遊蕩《ゆうとう》にふけるというのがお定《さだ》まりです。甘《あま》やかされて育ったこともあってか、人に騙《だま》されたり、金銭面《きんせんめん》でどうにもならない状況に追い込まれてしまう人も登場し、この物語の主人公である与兵衛《よへえ》という若旦那も、親に甘え、そしてその親もダメ息子《むすこ》と知りながら親心《おやごころ》を見せてしまい、その結果……という展開が待ち受けています。

作者である近松門左衛門《ちかまつもんざえもん》と言うと、『曽根崎心中《そねざきしんじゅう》』や『冥途の飛脚《めいどのひきゃく》』といった心中物《しんじゅうもの》や、『国性爺合戦《こくせんやがっせん》』といった時代物《じだいもの》で知られますが、ここでは近年、歌舞伎や文楽をはじめとした古典芸能で演じられることの多い『女殺油地獄《おんなころしあぶらのじごく》』を取り上げます。

見どころは、金に困《こま》った与兵衛が、隣家《りんか》で店を開くお吉《よし》に金を貸して欲しいと願い出るも断《ことわ》られてしまい、そこで商売物の油にまみれて襲《おそ》い掛《か》かるという残忍《ざんにん》な場面です。この本では視覚的《しかくてき》に楽しむことはできませんが、是非《ぜひ》、歌舞伎や文楽で観《み》てもらいたい一場面であり、そのあたりを想像《そうぞう》しながら読み進めて下さい。

ここまでのあらすじ

野崎参りの参詣客《さんけいきゃく》で賑《にぎ》わう徳庵堤《とくあんづつみ》で、油商《あぶらしょう》を営《いとな》む河内屋《かわちや》の道楽息子《どうらくむすこ》与兵衛《よへい》は、馴染《なじ》みの遊女《ゆうじょ》小菊《こぎく》をめぐって、田舎客《いなかきゃく》と喧嘩《けんか》騒《さわ》ぎを起こします。そこに居合《いあ》わせた伯父《おじ》で侍《さむらい》の森右衛門《もりえもん》に斬《き》られそうになりますが、うまく逃《に》げることのできた与兵衛は、同町内で同業種の豊島屋《てしまや》の女房《にょうぼう》お吉《よし》に汚《よご》れた着物を洗ってもらいます。

そんな与兵衛は、河内屋の主人であり、義父《ぎふ》にあたる徳兵衛《とくべえ》が番頭《ばんとう》上がりであったことから、何事にも遠慮《えんりょ》がちであるのにつけこんで放蕩三昧《ほうとうざんまい》。自分が家督《かとく》を相続《そうぞく》できるように策《さく》をめぐらすも失敗し、義父ばかりか実母《じつぼ》にまで手を上げるので家を追い出されてしまいます。

そして節季《せっき》が訪れ、親の持つ印判《いんばん》の偽物《にせもの》を利用してつくった借金《しゃっきん》である銀二百目《め》の返済《へんさい》に困《こま》り果《は》て、自分に好意的《こういてき》な豊島屋の女房お吉のところへ借金《しゃっきん》を頼みにやってきます……。

【本　題】

舞台は豊島屋店先《てしまやみせさき》。中央には油を入れた樽《たる》が置かれ、書割《かきわり》には油桶《あぶらおけ》が描《えが》かれています。上手《かみて》には一間《ひとま》あり、その壁には帳簞笥《ちょうだんす》があり、その前には行灯《あんどん》が置かれ、反対の下手《しもて》側には帳場格子《ちょうばごうし》があります。

豊島屋の主人七左衛門《しちざえもん》は銭勘定《ぜにかんじょう》を終えようとしており、その女房《にょうぼう》お吉《よし》は娘《むすめ》おきよの髪《かみ》を結《ゆ》っています。七左衛門は金を入れた財布《さいふ》を戸棚《とだな》の中へしまっておくようにお吉に命じ、まだ一軒《いっけん》残っているという集金《しゅうきん》のために店を出て行きます。

〽この節季《せっき》、越すに越されぬ河内屋与兵衛《かわちやよへい》、手には下げたる油の二升《にしょう》入り、一生差《いっしょうさ》さぬ脇差《わきざし》も、今宵《こよい》、鐺《こじり》のつまりの分別《ふんべつ》、とつおいつして、豊島屋の門口覗《かどぐちのぞ》く後《うし》ろより

（着流しに頬《ほお》かむりをした与兵衛が二升入りの油樽《あぶらだる》を下げ、短刀《たんとう》を懐《ふところ》に隠《かく》し、思案《しあん》しながら登場する。するとと「綿屋」と書かれた提灯を下げた口入屋の綿屋小兵衛《わたやこへい》とすれ違《ちが》う。）

小兵衛　与兵衛じゃないか。

与兵衛　おう、小兵衛殿か。

小兵衛　（逃《に》げようとする与兵衛の袂《たもと》をとらえ）これ、順慶町《じゅんけいまち》の兄御《あにご》のところへ訪《おとず》れば、親御《おやご》のところへ行けと言わるる。親御のところへ行けば、「追い出した、ここには居ぬ」とある。与兵衛、貴様《きさま》は留守《るす》でも、証文《しょうもん》は親仁《おやじ》の判。新銀一貫目《しんぎんいっかんめ》、今宵《こよい》延びると明日は町内へ断《ことわ》るぞ。

与兵衛　手形の表こそ一貫目、借りた正味《しょうみ》は二百目。今宵《こよい》中に済ませば別条《べつじょう》ない約束ではないかの。

小兵衛　そりゃ、明日《あした》の明六《あけむ》ツまでに済めば二百目、五日の日がニョッと出ると一貫目。元《がん》二百目を一貫目にしてとれば、こっちの得のようなれど、親仁《おやじ》殿に非業《ひごう》の銀《かね》を出さするが笑止《しょうし》さに、こなた贔屓《びいき》でせつくのじゃ。

与兵衛　河内屋与兵衛も男じゃ、この上、親仁に縄《なわ》をかけさせて、どう世間《せけん》が歩かりょう。あてもある。明日の朝、鶏《とり》の鳴くまでには持っていく。眠《ねむ》たくとも待ってもらおう。

小兵衛　おう、そうか。その男気《おとこぎ》を見届《みとど》けて安心したが、間違《まちご》うたら表沙汰《おもてざた》じゃ。はて、今宵済ませて入用《いりよう》なれば、明日またすぐに貸《か》すわい。

〽言葉残して帰り行く。与兵衛見事《みごと》に請《う》け合いが一銭《いっせん》の当てもなし

与兵衛　茶屋の払いは一寸逃《ちょっとのが》れ、抜き差しならぬこの二百目。えらい金を借りたなあ。

〽思案《しあん》に暮《く》れる彼方《かなた》より、河という字の小提灯《こぢょうちん》

与兵衛　あの提灯は南無三《なむさん》、親仁殿。

〽南無三宝《なむさんぼう》と軒《のき》の陰《かげ》。ぴったり身を付け身を忍《しの》ぶ。徳兵衛《とくべえ》は戻《もど》り道、内へもよらず、豊島屋の門口《かどぐち》そっとあけ

徳兵衛　七左衛門《しちざえもん》殿、もうおしまいかな。

お吉《よし》　これはこれは徳兵衛様、こちのは今方《いまかた》帰りまして、また天満《てんま》の果《は》てまで行かれました。まあ、お上がりなされませ。

徳兵衛　この夜更《よふ》けに天満の果てまで。相変《あい》わらず、よう精《せい》の出ることじゃのう。

お吉　それはそうと、つい忙《いそが》しいに取り紛《まぎ》れ、お見舞《みま》いにも上がりませぬが、此中《このぢゅう》は与兵衛様のことについて、いかい御苦労《ごくろう》なされたことでござりましょう。

徳兵衛　子に世話を焼《や》くは親の役。苦労とも思いませねど、あのような無法者《むほうもの》、もしこのあたりへうろたえて見えましたら、父親《てておや》は合点《がてん》、ずいぶん母に詫《わ》び言して、土性骨《どしょうぼね》入れ替え、再び家へ戻るように、どうぞ意見をして下され。こちの女房が一門《いちもん》はみな侍《さむらい》。その義理堅《ぎりがた》さに似ぬ道楽者《どうらくもの》。推量《すいりょう》下され、お吉殿。

〽煙草《たばこ》に涙《なみだ》まぎらして、むせ返るこそ道理《どうり》なれ

お吉　ごもっともでござります。追っ付けこちの人も帰りましょうに、会《お》うてお話なされませ。

徳兵衛　いやいや、いず方《かた》も今宵《こよい》は節季《せっき》。何かとお邪魔《じゃま》。ここに銭《ぜに》が三百ござりまする。女房の目顔《めかお》を忍《しの》び、つい懐《ふところ》へ入れて出ました。与兵衛めが参りましたら、追っ付け暑《あつ》うもなる。さっぱりした肌《はだ》のものでも買いおれと、ゆめゆめわしの名を出さず、七左《しちざ》殿の心付《こころづ》けか、またはこなたの親切《しんせつ》か。そこはご機転《きてん》次第《だい》、どうぞ渡《わた》してやって下さりませ。

〽と差し出だす。心は知らず表の方、憚《はばか》りながら、お沢《さわ》が声

お沢　お吉様、もうおしまいなさいましたかな……。これこれ徳兵衛殿、わが女房に隠るるとは何事。

〽声掛《か》けられて夫も敗亡《はいぼう》、お吉もどまくれ挨拶《あいさつ》なく、外には与兵衛が耳を立て、聞くとも知らず女房お沢

お沢　七左衛門様もお留守といい、家のことはそこそこにしておいて、いつ会おうと儘《まま》の向かい同士、互いに忙《いそが》しい際の夜さり、ここへは何の用があって来やしゃんした。悪性《あくしょう》する年でもないに。

徳兵衛　はて、そうガミガミ言わぬものじゃ。

お沢　読めた。また与兵衛めがこと悔《く》やみにか。いかに継子《ままこ》なればとて、あまりに義理立《ぎりだ》てが過ぎますぞえ。それそれ、その三百の銭《ぜに》は何にしなさる。大方《おおかた》のらめにやるのであろう。常々《つねづね》に身をつめて始末《しまつ》したその銭を、あいつにやるは溝《どぶ》へ捨《す》てるも同じこと。その甘《あま》やかしがみな毒《どく》になる。なんとお吉様、そうではござんせぬか。

お吉　さあ、さようでもござりましょうかな……。

お沢　私は違《ちが》いまする。さあ、勘当《かんどう》と言うた限り、紙子《かみこ》着て川へはまろうが、油塗《あぶらぬ》って火にくばろうが、何とも思わぬ。こなたもあんな悪人に気を奪《うば》われず、さあ、先へ家へ去《い》なっしゃれ。

徳兵衛　ええ、むごいぞや。そうではない。生まれ立ちから親はない。子が年寄《としよ》って親となる。親の初めはみな人の子。子は親の慈悲《じひ》で立ち、親はわが子の孝《こう》で立つ。この徳兵衛は果報《かほう》少なく、今生《こんじょう》では人は使わずとも、相果《あいは》てしときの葬礼《そうれい》には、他人の野送《のおく》り百人より、兄弟の男《お》の子に先輿後輿《さきごしあとごし》かかれて、あっぱれ死に光《ひか》りやろうと思うたに、子はありながら、その甲斐《かい》なく、無縁《むえん》の手にかかろうより、いっそ行《い》き倒《だお》れがましじゃわえ。

お沢　ええ、与兵衛めばかりが子ではない。兄の太兵衛《たへえ》、娘なれどもおかちはこなたの子ではござんせぬか。さあさあ、そのような愚痴《ぐち》言わずと、さあ、早う帰らしゃんせ。

徳兵衛　いや、去《い》ぬるなら連《つ》れ立とう。さあ、そなたもおじゃ。

〽と引き立てる、母の袷《あわせ》の懐《ふところ》より、板間《いたま》へぐらりと落ちるは、粽一把《ちまきいちわ》に銭《ぜに》五百

徳兵衛　やや、そりゃ何じゃ。

お沢　徳兵衛殿、許してくだされ。これは家の掛《か》けの寄り。与兵衛めにやりたいばっかり、わしが五百盗《ぬす》みました。いかなる悪行悪縁《あくぎょうあくえん》の胎内《たいない》に宿《やど》って、あの通りの悪人には生まれたか。不憫《ふびん》さ可愛《かわい》さは父親《てておや》の一倍《いちばい》なれども、母が可愛い顔してはと、わざと憎《にく》い顔をして、ぶっつたたいつ、追い出すの勘当のと、むごうつらうあたりしは、継父《けいふ》のこなたに可愛《かわい》がってもらいたさ。許してくだされ、徳兵衛殿。わしにも隠《かく》して、あの銭をやってくださる志《こころざし》。口では慳貪《けんどん》に言うたれど、心で三度。とりわけ節句《せっく》の祝い月、身祝《みいわ》いも

してやりたさ、この粽、お吉様に頼んで届けたいと思うて来ました。まだこの上に根性《こんじょう》の直《なお》る薬には、母が生《い》き胆《ぎも》を煎《せん》じて飲ませという医者あらば、身八つ裂《ざ》きにしてもいとわねども、これまで夫の銭金《ぜにかね》を、ひらなか違《ちが》えたことのない身が、子ゆえの闇《やみ》に迷わされ、盗《ぬす》みしてあらわれた。恥《は》ずかしゅうござるわいの。

徳兵衛　おお、道理《どうり》じゃ、もっともじゃ。

へわっと叫《さけ》び入《い》りければ、夫婦が歎《なげ》き、身も浮くばかりなる子を持つ者の身にこたえ

お吉　血を分けた親御のお心、察《さっ》し入って他人事《ひとごと》とは思いませぬ。

徳兵衛　いや、祝い日に心無《こころな》い泣きわめき、不調法《ぶちょうほう》許してくだされ。これ、かか、その銭もお吉様に頼み、与兵衛にやっていただくこととして、もうお暇《いとま》申そう。

お沢　こなさんのやってくださるその深い志《こころざし》に、盗んだ銭がなんとしてやられましょう。

徳兵衛　はて、大事《だいじ》ない。やるがよいわ。

お沢　いえいえ、やっては義理《ぎり》が済みませぬ。

へ夫婦が義理のやる方なさ、お吉も涙とどめかね

お吉　ああ、お沢様のお心を推量《すいりょう》いたしますれば、そのお金はやりにくいはず。こうしやんせ。ここに捨《す》てておかしゃんせ。わしが誰《だれ》ぞ良さそうな人に拾わせましょう。

徳兵衛　ああ、かたじけない。

お沢　とてものお情《なさけ》、この粽《ちまき》も良さそうな犬に食わせてくださりませ。

徳兵衛　何にも言わぬ、かたじけない。明日にもなったら、改《あらた》めて、

お沢　今度のお礼に。
お吉　なんのお礼に及《およ》びましょう。
徳兵衛　えらいお邪魔《じゃま》を、
徳兵衛・お沢　いたしましたな。
〽子の不孝より落ちたる枢《くるる》、開けて夫婦は帰り行く
お吉　お二人の御苦労、ほんにお可哀相《かわいそう》なことじゃなあ。
〽与兵衛、後を見送りて、心一つに打ちうなずき、さいたる潜り戸《くぐど》さらりと開け
（お吉が銭を帳簞笥《ちょうだんす》へ入れようしていると、それまで隠《かく》れていた与兵衛が立ち上がり、両親を見送り、門口《かどぐち》から店の中へ入る。）
与兵衛　七左衛門《しちざえもん》殿はお留守《るす》かな。
お吉　（びっくりして振り返り）お前は。
与兵衛　お吉様、わしでござんす。
お吉　おお、誰《だれ》かと思うた。与兵衛様か、びっくりしたわいな。まあまあこちらへお入りなさんせ。
与兵衛　今日は節句、さだめて掛《か》けも寄《よ》りましたろうな。
お吉　うちのことよりは与兵衛さん、こなたはまあ、ほんに仕合《しあ》わせ者。よいところへござんした。これ、この銭《ぜに》八百にこの粽《ちまき》を添《そ》え、こなさんにやれと、いえさ、天道《てんどう》からふりました。さあ、頂《いただ》かしゃんせ。
〽差し出せば、与兵衛ちっとも驚《おどろ》かず

与兵衛　これが親たちの合力《ごうりき》か。

お吉　はて、早合点《はやがてん》な。追い出した親たちが、なんのこなさんに銭金《ぜにかね》をやるぞい。

与兵衛　いいや、隠《かく》さっしゃるな。さっきにから門口に蚊《か》に食われ、長々しい親たちの愁嘆《しゅうたん》を聞いて、涙《なみだ》をこぼしました。

お吉　そんならみな聞いていたか。よう合点がまいりましたかえ。他人の私でさえ目を泣き腫《は》らした。この銭一文でも仇《あだ》にはなりませぬぞ。肌身《はだみ》につけて、ひと稼《かせ》ぎ稼いで、お二人《ふたり》の葬礼《そうれい》には、立派《りっぱ》な乗り物に乗せて送ろうという気がなければ、男でも杭《くい》でもない。よう頂《いただ》いておかしゃんせ。

与兵衛　いかさま、よう合点がまいりました。ただ今から真人間《まにんげん》になって孝行《こうこう》を尽《つ》くす合点《がてん》なれど、肝心《かんじん》のお慈悲《じひ》の銭が足りませぬ。

お吉　ええ。

与兵衛　と言うて、親兄《おやあに》には言われぬ首尾《しゅび》。ここには売り溜《だ》め、掛けの寄り金もあるはず。新《しん》でたった二百目ばかり、勘当《かんどう》のゆりるまで、どうぞ貸《か》して下さりませ。

お吉　それそれそれ。奥《おく》を聞こうより口開《くちあ》けと、どこに心が直《なお》りました。嘘《うそ》にも金を貸してくれとは言われぬ義理《ぎり》ではござんせぬか。なるほど、うちには売り溜め、掛けの寄り、上銀《じょうぎん》五百目あまり、金はありはあっても、夫の留守に一銭《いっせん》も貸すことはできませぬ。いつぞやの野崎参《のざきまい》り、着る物洗うて進《しん》ぜたさえ、不義《ふぎ》したと疑《うたが》われ、その言い訳に幾日《いくか》かかったか知れませぬ。ああうとましや、うとましや。思い出しても身が縮《ちぢ》む。帰られぬうちに、その銭持って早う去《い》んで下さんせ。

〽言うほど傍《そば》へにじり寄り

与兵衛　いっそう不義になって、貸して下され、お吉殿。

〽しなだれかかるを取って突《つ》きのけ

お吉　女子《おなご》と思ってなぶらしゃんしたか。早く去《い》んで下さい。去なぬと声を立ててわめくぞえ。

与兵衛　あやまりました。嘘《うそ》でござる。はて、与兵衛も男。二人の親の言葉が心に染《し》み込《こ》んで悲しいもの。なぶるの侮《あなど》るのというところへ行《ゆ》くことか。何を隠《かく》しましょう、あとの月の二十日、親仁《おやじ》の謀判《ぼうはん》をして、上銀二百目借《か》りましたが、その期限が今宵限《こよいかぎ》り。

お吉　ええ、謀判をして。

与兵衛　まま、聞いて下さりませ。手形《てがた》の表《おもて》は上銀一貫目《じょうぎんいっかんめ》、借りた金は二百目《にひゃくめ》。明日《あした》になれば手形の通り、一貫目で返す約束《やくそく》。それよりも悲しいは、親兄《おやあに》のところは言うに及ばず、両町《りょうまち》の年寄《としより》五人組《ごにんぐみ》へ先様《さきさま》から断《ことわ》るはず。今になってこの金の才覚《さいかく》、泣いても笑《わろ》うても叶《かな》わぬこと。いっそ自害《じがい》して死のうと覚悟《かくご》して、この通り、懐《ふところ》に脇差《わきざし》まで用意して出たれども、今、両親の嘆《なげ》き、ご不憫《ふびん》がりを聞きまして、死んではこの金、親仁《おやじ》の難儀《なんぎ》にかかること。不孝《ふこう》の上塗《うわぬ》り、身上《しんしょう》の破滅《はめつ》。思い回せば死ぬるにも死なれず、生きてもいられず、詮方《せんかた》つきてのこのご無心《むしん》。ある金たった二百目で与兵衛の命つないで下さるご恩徳《おんとく》、黄泉《よみ》の底まで忘《わす》りょうか。お吉様、この通りでござります。どうぞ貸して下さりませ。頼みます。

〽という目の色も、誠《まこと》らしく思いながら

お吉　ホホ、ホホ、まがまがしい、あの嘘《うそ》わいな。

与兵衛　嘘じゃない、嘘じゃない。
お吉　嘘じゃない、嘘じゃない、嘘じゃない。この上、尾ひれ付けて言わしゃんしても、ならぬと言うたらなりませぬわいなあ。
与兵衛　これほど男の冥利《みょうり》にかけ、誓言《せいもん》たててもなりませぬか。
お吉　はて、くどいわいなあ。
与兵衛　くどうは言うまい、貸して下され。
お吉　ええ、なりませぬわいな。
与兵衛　はて、なんとしょう。借りますまい。
〽言うより心の一分別《ひとふんべつ》
与兵衛　その代わり、この樽《たる》に油二升《あぶらにしょう》取り替えて下さりませ。
お吉　それは互いの商《あきな》い、貸し借りせいでは世が立たぬ。そんなら詰めて進ぜましょう。
〽消ゆる命のともし火は、油量《あぶらはか》るも夢の間《ま》と、知らで升《ます》取る柄杓《ひしゃく》取る。後ろに与兵衛が邪険《じゃけん》の刃《ねたば》、抜いて待つとも見ず知らず
（お吉が下手《しもて》にある店の売場へ行き、油を量り、樽へ入れていると、懐中《かいちゅう》より取り出した短刀《たんとう》を手にした与兵衛が静かにお吉の後ろへ回る。お吉はそれに気づかないでいる。）
お吉　もし、与兵衛さん、こちの人とても割《わ》り入って相談して、ある金ならば役に立てまいものでもない。五十年六十年の夫婦の仲も、ままにならぬは女子《おなご》の習《なら》い、必ず私を恨《うら》んで下さるな。

〽と言ううちに、灯《とも》しに写《うつ》る刃《やいば》の光

お吉　与兵衛さん、今のはなんぞ。

与兵衛　ええ、いいや、なんでもござらぬ。

お吉　それそれ、きっと目も据《す》わってある。恐ろしい顔色《がんしょく》。その右の手、ここへ出して見せなさんせ。

与兵衛　何、恐《おそ》ろしいことがある。（短刀を持ち替えて、右の手を出し）これ見さっしゃれ、何もない。

お吉　こなさんは小気味《こきみ》の悪い。傍《そば》へ寄るまいぞ。

〽後ずさりして寄る門《かど》の口《ぐち》、開けて逃《に》げんと気を配《くば》れど

お吉　（樽《たる》を放って、格子伝《こうしづた》いに門口《かどぐち》へ来るも、門口が開かないのであせって）誰《だれ》ぞ来て下され！

与兵衛　音骨《おとほね》立てるな。

〽ふた声待たず飛びかかり、取って引き締め、ぐっと刺《さ》す

お吉　（口を押さえられ、咽喉《のど》を突《つ》かれる）そんなら、声立てますまい。今死んでは年端《としは》もいかぬ二人の子が流浪《るろう》する。それが可愛《かわい》い。死にともない。金も要《い》るほど持ってござれ。助けて下され、与兵衛様。

与兵衛　おお、死にともないはず、もっともだ。こなたが娘が可愛いほど、俺《おれ》も俺を可愛がる親仁がいとしい。金払わねば済まぬ義理《ぎり》。これ、あきらめて死んで下され。口で言えば人が聞く。心の中でお念仏《ねんぶつ》。

〽お吉を迎《むか》いの冥土《めいど》の夜風《よかぜ》。はためく門の幟《のぼり》の音。煽《あお》ちに売場《うりば》の火も消えて、底も心も暗闇《くらやみ》に、討《う》ちまく油、流るる血。踏《ふ》みのめらかし踏みすべり。身内《みうち》は血潮《ちしお》の赤面赤鬼《あかづらあかおに》。邪険《じゃけん》の角《つの》を振り立てて、お吉が身を裂《さ》く剣《けん》の山。目前《めのまえ》油の地獄《じごく》の苦しみ

（与兵衛がまたお吉を斬《き》る。お吉は近くにある油樽《あぶらだる》を手当《てあ》たり次第《しだい》投げつける。行灯《あんどん》の火が消え、与兵衛は手探《てさぐ》りでお吉に斬りかかる。お吉は這《は》い回るも、与兵衛はお吉の胸先《むなさき》を探《さぐ》り当て、止《とど》めを刺《さ》す。お吉を殺したあと、衣類で短刀についた血潮《ちしお》を拭《ふ》いて鞘《さや》に収める。暗闇《くらやみ》を探りながら帳簞笥《ちょうだんす》の引き出しを開け、お吉がしまった金を探り当てて、それを懐《ふところ》に、やはり探りながら門口《かどぐち》へ向かう。そして与兵衛はこけつまろびつしながら、花道を進んでいく……。）

この後の展開

与兵衛はお吉から奪《うば》った金で、新町《しんまち》や新地《しんち》といった遊興地で遊び廻《まわ》りますが、お吉が亡《な》くなり、三十五日の夜に豊島屋《てしまや》に姿を見せます。そのとき、天井裏《てんじょううら》でねずみが暴《あば》れ、血のついた紙片《しへん》が落ちてくると、そこには与兵衛の筆跡《ひっせき》が見られたことから、悪事が露見《ろけん》し、ついに捕《と》えられてしまいます。

●作品の背景●

近松門左衛門《ちかまつもんざえもん》が実際に起こった事件を、享保《きょうほう》六年（一七二一）に人形浄瑠璃《にんぎょうじょうるり》としてつくった作品で、演題の『女殺油地獄』は「おんなころしあぶらのじごく」と読みます。歌舞伎の演目として演じられるようになったのは、明治四十二年（一九〇九）の大阪の朝日座で、二世實川延若《じつかわえんじゃく》が与兵衛を演じてからです。

現在でも坂田藤十郎《さかたとうじゅうろう》や中村扇雀《なかむらせんじゃく》、片岡仁左衛門《かたおかにざえもん》による名演《めいえん》で楽しめる他、浪曲では春野恵子《はるのけいこ》が演じ、近年、落語家の蜃気楼龍玉《しんきろうりゅうぎょく》がこの話を落語化して演じています。

知っておきたい用語集

遊蕩《ゆうとう》　酒や女遊びにふけること。放蕩《ほうとう》。

野崎参《のざきまい》**り**　大阪府大東市の野崎にある野崎観音《かんのん》に参詣《さんけい》すること。

徳庵堤《とくあんづつみ》　現在の大阪府大阪市鶴見区を流れる徳庵川（寝屋川《ねやがわ》）の堤。

放蕩《ほうとう》　→前出「遊蕩」と同じ

二百目《にひゃくめ》

→二百匁《にひゃくもんめ》　江戸時代の通貨《つうか》の単位で、一両＝約六十匁であり、一両を約十万円で換算すると、約三十万円。

帳簞笥《ちょうだんす》　帳面や書付などを入れておく小型の簞笥。

書割《かきわり》　芝居《しばい》の大道具《おおどうぐ》の一つで背景《はいけい》などを描《えが》いたもの。

行灯《あんどん》　木や竹の枠に紙を貼《は》り、中に油皿《あぶらざら》を入れて火をともす照明具《しょうめいぐ》。

帳場格子《ちょうばごうし》　商店などで帳場の囲いに立てる低い衝立《ついたて》格子（細い木を縦・横に間をすかして組んだもの）。

鐺《こじり》　刀剣《とうけん》の鞘《さや》の末端《まったん》の部分。また、そこにはめる飾《かざ》り金物。

着流《きなが》**し**　男性の略式《りゃくしき》の和装《わそう》で、羽織《はおり》や袴《はかま》をつけない着物だけの姿。

口入屋《くちいれや》　奉公《ほうこう》先の周旋《しゅうせん》を職業とする家。

一貫目《いっかんめ》　銀一貫＝千匁《もんめ》。一両＝六十匁で、一両を約十万円で換算すると、約百六十万円。

明六《あけむ》**ツ**　現在の午前六時ごろ。

南無三《なむさん》

→南無三宝《なむさんぼう》　驚《おどろ》いたときや失敗したときなどに発する語。しまった。

土性骨《どしょうぼね》　性質や根性《こんじょう》を強調《きょうちょう》、またはののしっていう語。ど根性。また人をののしって、その背骨《せぼね》を指す語。

追《お》**っ付**《つ》**け**　やがて。そのうちに。まもなく。すぐに。

節季《せっき》　季節の終わり。時節《じせつ》。掛売買《かけばいばい》の決算期《けっさんき》で、特に上方《かみがた》では、三月節供《せっく》前・五月節供前・盆《ぼん》前・九月節供前・年末の五節季あり、ここでは五月節供前が舞台《ぶたい》である。

ゆめゆめ　（あとに禁止を表す語を伴《ともな》って）決して。断じて。（あとに打消しの語を伴って）少しも。まったく。

敗亡《はいぼう》　ここでは、負けて逃《に》げること。

悪性《あくしょう》　性質が悪いこと。特に、身持《みも》ちの悪いこと。酒や女遊びにふけること。また、そのさま。

のらめ

→のら　なまけることや、なまけ者。酒や女遊びなどにふけって身持《みも》ちがよくないことや、その人。どら。

紙子《かみこ》　紙を用いてつくった衣服。

くばる　火の中にはいる。くべられる。焼《くば》る。

野送《のおく》り

→野辺送《のべおく》り　死者を火葬場《かそうば》、または埋葬地《まいそうち》まで見送ること。

粽《ちまき》　もち米を主材料としたもち菓子《がし》の一種《いっしゅ》。笹《ささ》や竹の皮などで巻《ま》き、イグサで三角形に縛《しば》ってつくる。古くから端午《たんご》の節句《せっく》の祝《いわ》いに用いられる。

掛《か》けの寄《よ》り　売り掛け金（売上に対する代金の未回収金）を寄り集めたもの。

慳貪《けんどん》　思いやりのないこと。愛想のないこと。

ひらなか

→鐚《びた》ひらなか　「ひらなか」は半銭《はんせん》の意で、ごくわずかの金銭《きんせん》。

枢《くるる》　開き戸を開閉《かいへい》するために、扉《とびら》の回転軸《じく》の上下に設けた心棒《しんぼう》の突起《とっき》。戸締《とじ》まりのために、戸の桟《さん》から敷居《しきい》に差し込《こ》む止め木。

乗《の》り物《もの》　ここでは「駕籠《かご》」のこと。

ゆりる　許される。

上銀《じょうぎん》　江戸時代の銀地金《ぎんじがね》の品質《ひんしつ》の良いものをいう。

なぶる　おもしろがって人をからかったり苦《くる》しめたりする。なぶりものにする。愚弄《ぐろう》する。

謀判《ぼうはん》　他人の印《いん》を偽造《ぎぞう》して使うこと。また、その印。にせ印。

才覚《さいかく》　苦心して金や物を手に入れること。ここでは、金を工面《くめん》すること。

詮方《せんかた》つきて

→せんかたつきる　なすべき方法がなくなる。

五人組《ごにんぐみ》　江戸時代に近隣の五家が一組に編成された連帯責任《れんたいせきにん》の組織。

黄泉《よみ》　人の死後、その魂《たましい》が行くという所。死者の住む国。あの世。よみの国。

まがまがしい　いまいましい、けしからぬ。

音骨《おとぼね》　声、ことばをののしっていう語。

主な参考文献

『歌舞伎名セリフ集』永山武臣・監修（新潮社）
『国立劇場上演台本集』（国立劇場芸能調査室）
『新潮日本古典集成』（新潮社）
『新日本古典文学大系』（岩波書店）
『日本古典文学全集』「近松門左衛門集」（小学館）
『日本古典文学大系』（岩波書店）
『名作歌舞伎全集』（東京創元社）

編集協力者
瀧　口　理　恵
神　谷　桜　子
枡　居　　　奏

さくいん

あ行

愛妾《あいしょう》　114
阿吽《あうん》　42
青二才《あおにさい》　115
悪性《あくしょう》　158
明六《あけむ》つ　157
浅葱《あさぎ》　49
足のよく働く麩屋《ふや》の男　15
安宅関《あたかのせき》　41
阿耨多羅三藐三菩提《あのくたらさんみゃくさんぼだい》　116
天《あま》つ神と地の祇《かみ》　→天神地祇《てんじんちぎ》
あらばこそ　73
あわや咽《のど》、さたらな舌に、カサゲ歯音《しおん》、
　ハマの二つは唇《くちびる》の軽重《けいちょう》　60
安徳帝《あんとくてい》　→安徳天皇
安徳天皇　114
行灯《あんどん》　157

いがい　97
いかさま　97
いがむ　95
いがめる　→いがむ
一貫目《いっかんめ》　157
糸鬢《いとびん》　16
違背《いはい》　115
色をする　143
因果《いんが》　115
陰鬼《いんき》　42

ういろう　60
氏《うじ》より育ち　95
内入《うちい》り　95
内《うち》やゆかしき、内ぞゆかしき
　雲の上はありし昔に変わらねど、
　見し玉垂《たまだれ》の内やゆかしき　116
うっちゃる　143
乳母《うば》　50
胡乱《うろん》　96

烏帽子《えぼし》　15
閻魔帳《えんまちょう》　16
閻魔の小遣《こづか》い帳　→閻魔帳

笈《おい》　41
花魁《おいらん》　14
逢瀬《おうせ》　95
横道者《おうどうもの》　115
大見世《おおみせ》　→総籬《そうまがき》
大門《おおもん》　14
置きゃあがれ　15
おきやがれ　→置きゃあがれ
瘧《おこり》　16
押し借り　142
恐《おそ》れつべうぞ　42
追っ付け　157

男 伊達《おとこだて》　15
男やもめに蛆《うじ》が湧《わ》く　141
男やもめになんとやら
　→男やもめに蛆が湧く　141
音骨《おとぼね》　158
親子は一世《いっせ》、夫婦は来世《らいせ》
　→親子は一世、夫婦は二世《にせ》、
　主従《しゅじゅう》は三世《さんせ》
親子は一世、夫婦は二世、主従は三世　74
御佩刀《おんはかせ》　→佩刀《はかし》

か行

廻船問屋《かいせんどんや》　114
開 帳《かいちょう》　141
顔役《かおやく》　141
掻《か》き首　96
書割《かきわり》　157
掛《か》けの寄《よ》り　158
かしましい　96
門端《かどはし》　115
かどわかす　141
金熊童子《かなぐまどうじ》に、石熊《いしぐま》、石持《いしもち》、虎熊《とらぐま》、虎鱚《とらぎす》　60
紙子《かみこ》　158
禿《かむろ》　14
加役《かやく》　143
烏《からす》を鷺《さぎ》とも言われぬ　→烏を鷺
烏を鷺　96
唐竹割《からたけわり》　15
伽藍《がらん》　49
皮づくり　→松皮造《まつかわづく》り
川床《かわどこ》　141
邯鄲《かんたん》の枕《まくら》　49
勘当《かんどう》　95

気が悪い　142
義者張《ぎしゃば》る　15
着流《きなが》し　157
木みしり茄子《なす》　→木雀茄子《きみしりなすび》
木雀茄子　96
伽羅《きゃら》　15
経 帷子《きょうかたびら》　97
杏 葉牡丹《ぎょうようぼたん》　16
曲 手毬《きょくてまり》　16
曲 禄《きょくろく》　16
帰洛《きらく》　73
金札《きんさつ》　97
公達《きんだち》　114
金襴《きんらん》　50

釘 鎹《くぎかすがい》　96
くくむ　16
くくめる　→くくむ
九字《くじ》　42
九字真言《くじしんごん》　→九字
弘誓《ぐぜい》　74
口入屋《くちいれや》　157
口過《くちす》ごす　→口を過ごす
口を過ごす　95
くばる　158
熊坂 長 範《くまさかちょうはん》　16
熊鷹《くまたか》の 長 範《ちょうはん》　→熊坂長範
枢《くるる》　158

傾城《けいせい》　→遊女《ゆうじょ》
袈裟《けさ》　41, 116
下知《げじ》　115
下知《げち》　→下知《げじ》
けなり　97
検使《けんし》　114
慳貪《けんどん》　15, 158
検分《けんぶん》　96

小あらい飛白《がすり》の薩摩《さつま》　→薩摩飛白《さつまがすり》

豪儀《ごうぎ》　143
高欄《こうらん》　50
強力《ごうりき》　41
五畿七道《ごきしちどう》　49
虚仮《こけ》　142
九ツ《ここの》　141
御諚《ごじょう》　73
胡椒《こしょう》の丸呑《まるの》み　60
鐺《こじり》　157
五丁町《ごちょうまち》　16
御辺《ごへん》　74
こます　95
籠《こ》めて　→籠める
籠める　142
菰垂《こもだ》れ　96
五人組《ごにんくみ》　158

さ行

才覚《さいかく》　158
性《さが》ない　95
月代《さかやき》　115
薩摩飛白《さつまがすり》　143
詐病《さびょう》　97
さもそうず　116
讒言《ざんげん》　95
三世《さんぜ》の縁《えん》　74
三世の契《ちぎ》り　→三世の縁
三千世界　95, 115
さん俵《だわら》　60
三位《さんみ》　114
三略《さんりゃく》　15

地《じ》切り　143
地《じ》切れ　→地切り
肉醤《ししびしお》　50
ししびしお　→肉醤
舌三寸《したさんずん》　143
四天王《してんのう》　41
篠《しの》　41
地廻《じまわ》り　15
錫杖《しゃくじょう》　42
赦免《しゃめん》　73
車力《しゃりき》　141
宿役人《しゅくやくにん》　114
修験者《しゅげんじゃ》　41
修験道《しゅげんどう》　41
修羅《しゅら》の妄執《もうしゅう》　50
巡礼《じゅんれい》　50
床机《しょうぎ》　14
上銀《じょうぎん》　158
上々吉《じょうじょうきち》　96
精進《しょうじん》　15
浄玻璃《じょうはり》の鏡《かがみ》　97
庄屋《しょうや》　96
所化《しょけ》　49
女郎柄《じょろうづか》　15
女郎づか　→女郎柄
白綾袴《しらあやはかま》　42
白川夜船《しらかわよふね》　60
白湯漬《しらゆづ》け　→湯漬け
白銀町《しろがねちょう》　→本銀町《ほんしろがねちょう》
新造《しんぞ》　14
神宗《しんそう》　50
神宗皇帝　→神宗
晋《しん》の余譲《よじょう》の例《たとえ》　116
陣羽織《じんばおり》　115

吸い付け煙草《たばこ》　14
木菟入《ずくにゅう》　74
すげ替える　142
篠懸《すずかけ》　41
すまじきものは宮仕《みやづか》え　96

正室《せいしつ》 95, 114
聖徳《せいとく》 97
成敗《せいばい》 41
蒸籠《せいろ》 15
関守《せきもり》 41
ぜぜ 15
節季《せっき》 157
銭独楽《ぜにごま》 60
せまじきものは、宮仕《みやづか》え
→すまじきものは宮仕え
せむかたなし 74
詮方《せんかた》つきて →せんかたつきる
せんかたつきる 157
詮方《せんかた》なく →せむかたなし
詮議《せんぎ》 114
千鈞《せんきん》 42
穿鑿《せんさく》 115

相好《そうごう》 96
総髪《そうごう》 →総髪《そうはつ》
宋蘇卿《そうそけい》 49
総髪《そうはつ》 115
総籬《そうまがき》 14
嘱託《そくたく》の合紋《あいもん》 115
訴人《そにん》 96

た行

大慈大悲《だいじだいひ》 73
大赦《たいしゃ》 73
大尽《だいじん》 14
大象兎径《だいぞうとけい》に遊ばず 16
大象は兎径に遊ばず
→大象兎径に遊ばず
たがが緩《ゆる》む 142
断《た》ち物 49
手束弓《たづかゆみ》 42
たっぽぽ、たっぽぽ 60
給《た》べ 73
玉簾《たますだれ》 96
段口《だんぐち》 116
檀那《だんな》 42

力草《ちからぐさ》 116
粽《ちまき》 158
中宮《ちゅうぐう》 73
帳簞笥《ちょうだんす》 157
提灯《ちょうちん》持ち 143
帳場《ちょうば》 142
帳場格子《ごうし》 114, 157
勅命《ちょくめい》 42, 95
ちょっくら持ち 142
ちょぼくさ 96

津 73
つがもない 15
鍔際《つばぎわ》 96
鍔元《つばもと》 →鍔際
つむじの曲がった →つむじが曲がる
つむじが曲がる 142
釣《つ》り替える 115
鶴亀鶴亀《つるかめつるかめ》 143
釣瓶鮓《つるべずし》 114

出がらし 141
手切れ足切れ 142
手代《てだい》 141
鉄札《てつさつ》 97
天神地祇《てんじんちぎ》 42
天成《てんせい》 97
天然痘《てんねんとう》 97
てんぽう 15

同宿《どうしゅく》 49

胴欲《どうよく》 116
兜巾《ときん》 41
徳庵堤《とくあんづつみ》 157
得心《とくしん》 97
とくと 73
土性骨《どしょうぼね》 157
屠所《としょ》の歩み →屠所の羊《ひつじ》の歩み
屠所の羊の歩み 96
縕袍《どてら》 50
舎人《とねり》 95
飛び六法《ろっぽう》 42
吐胸《とむね》 →と胸を突《つ》く
と胸を突く 115
艫綱《ともづな》 74

な行

内侍《ないし》 114
名面《なおもて》 73
長床机《ながしょうぎ》 14
仲之町《なかのちょう》 15
七《なな》ツ 60
なぶる 158
南無三《なむさん》 →南無三宝《なむさんぼう》
南無三宝 157
生臭《なまぐさ》 16
生締《なまじ》め 16
南禅寺《なんぜんじ》 49

憎態口《にくてぐち》 95
二百目《にひゃくめ》 →二百匁《にひゃくもんめ》
二百匁 157
乳人《にゅうじん》 →乳母《うば》
入道殿《にゅうどうどの》 73
鶏《にわとり》を割《さ》くに焉《いずく》んぞ牛刀《ぎゅうとう》を用いん 16
鶏を割くに何ぞ牛の刀《かたな》を用いん
→鶏を割くに焉んぞ牛刀を用いん
ねじ首 96
涅槃《ねはん》 42

野送《のおく》り →野辺送《のべおく》り
野崎参《のざきまい》り 157
野辺送《のべおく》り 158
のめのめ 74
のら 158
のらめ →のら
乗り物 158
乗物町《のりものちょう》 141
暖簾口《のれんぐち》 114

は行

配所《はいしょ》 73
敗亡《はいぼう》 158
配流《はいる》 73
佩刀《はかし》 116
箱崎《はこざき》 50
端近《はしぢか》 115
八文字《はちもんじ》 14
花川戸《はなかわど》 14
花茣蓙《はなござ》 141
鼻を弾《はじ》く 143
脛巾《はばき》 42
幅《はば》をきかす 142
破風《はふ》 60
羽目通《はめどお》り 143
羽目に付く 143
早打《はやう》ち 115
張物《はりもの》 49
判官《はんがん》 41

冷物御免《ひえものごめん》 14
冷えものでござい →冷物御免
僻事《ひがごと》 73

さくいん

鐚《びた》ひらなか 158
ひだるい 15
火付盗賊《ひつけとうぞく》 改《あらため》 143
筆法《ひっぽう》 95
一入《ひとしお》 50
百 日 鬘《ひゃくにちかつら》 50
ひらなか →鐚ひらなか
貧乏動《びんぼうゆる》ぎ 115

ぶうぶう 15
不義《ふぎ》 95
袱紗《ふくさ》 60
富士の巻狩《まきがり》 60
伏見稲荷《ふしみいなり》 114
不承《ふしょう》 142
布施《ふせ》 42
扶桑《ふそう》 50
仏頂面《ぶっちょうづら》 115
太い奴《やつ》 15
無頼漢《ぶらいかん》 114
古手《ふるて》 96
古《ふろ》ばな 141
ふんばり 15

べらぼうめ 114

報謝《ほうしゃ》 50
疱瘡《ほうそう》 →天然痘《てんねんとう》
放蕩《ほうとう》 157
謀判《ぼうはん》 158
焙烙《ほうろく》を剃《そ》る 142
渤海国《ぼっかいこく》 95
本 銀 町《ほんしろがねちょう》 141

📖 ま行

売僧《まいす》 115
まがまがしい 158
幕下《まくした》 50
ませよ 95
松皮造《まつかわづく》り 142
廻《まわ》り髪結《かみゆい》 141

見得《みえ》 50
汀《みぎわ》 73
水掛《みずか》け論《ろん》 142
御台《みだい》 →御台 所《みだいどころ》 114
御台所 114
名 聞《みょうもん》 73

無 宿《むしゅく》 143
虫をこらえる →虫を殺す
虫を殺す 142
無尽《むじん》 →無尽講《むじんこう》
無尽講 16
むぞうか者 73
無足《むそく》 74
陸奥《むつ》 41
無得心《むとくしん》 115
謀反《むほん》 49, 95
叛反《むほん》 →謀反

名香《めいこう》 50
召《め》し連《つ》れ訴《うった》え 143
乳母《めのと》 50

物相飯《もっそうめし》 143
もとどり 116
貰《もら》い引き 141

📖 や行

焼きが回る 142
薬研堀《やげんぼり》 141

矢筈《やはず》の提灯《ちょうちん》 115
山伏《やまぶし》 →修験者《しゅげんじゃ》
遣《や》り手 14

遊女《ゆうじょ》 14
遊蕩《ゆうとう》 157
湯《ゆ》漬《づ》け 15
ゆめゆめ 157
ゆりる 158
弓手《ゆんで》 74

陽魔《ようま》 42
葭町《よしちょう》 142
よしない 142
四天《よてん》 49
黄泉《よみ》 158
よもあるまじき 73
よろぼい →よろぼふ
よろぼふ 74

ら行

礼紙《らいし》 73
羅宇《らお》 142
洛中洛外《らくちゅうらくがい》 49
落着《らくちゃく》 74

利剣《りけん》 42
溜飲《りゅういん》が下がる 143
料簡《りょうけん》 73, 142
両ご番所 143
慮外《りょがい》 73
りんにょぎゃってくれめせや 74
輪廻《りんね》 42

流罪《るざい》 95
流人《るにん》 73

郎等《ろうとう》 74
六字《ろくじ》 97
六波羅《ろくはら》 73
盧生《ろせい》が夢 →邯鄲《かんたん》の枕《まくら》

わ

和国橋《わこくばし》 141
悪《わる》さ 97

瀧口雅仁(たきぐち・まさひと)
1971年東京生まれ。演芸評論家。現在，恵泉女学園大学，和光大学講師。おもな著書に『古典・新作 落語事典』(丸善出版)，『噺家根問』『落語の達人』『演説歌とフォークソング』(彩流社)，『平成落語論』(講談社)，『落語を観るならこのDVD)』(ポット出版)，編著に『八代目正蔵戦中記』(青蛙房)などがある。またCD「現役落語家名演集」(ポニーキャニオン)の監修・解説も担当している。東京都墨田区向島(江戸落語中興の相・烏亭焉馬により「咄の会」が開かれた地)に開設した寄席「墨亭」の席亭を務める。

知っておきたい日本の古典芸能
歌 舞 伎

令和 元 年 10 月 20 日　発　　行
令和 2 年 5 月 15 日　第 2 刷発行

編著者　瀧 口 雅 仁

発行者　池 田 和 博

発行所　丸善出版株式会社
〒101-0051 東京都千代田区神田神保町二丁目17番
編集：電話(03)3512-3261／FAX(03)3512-3272
営業：電話(03)3512-3256／FAX(03)3512-3270
https://www.maruzen-publishing.co.jp

組版印刷・藤原印刷株式会社／製本・株式会社 星共社

ISBN 978-4-621-30436-5 C 0376　　Printed in Japan